遮蔽的真实

从《清明上河图》看宋代生活图景

金匠 著

中国工人出版社

目录

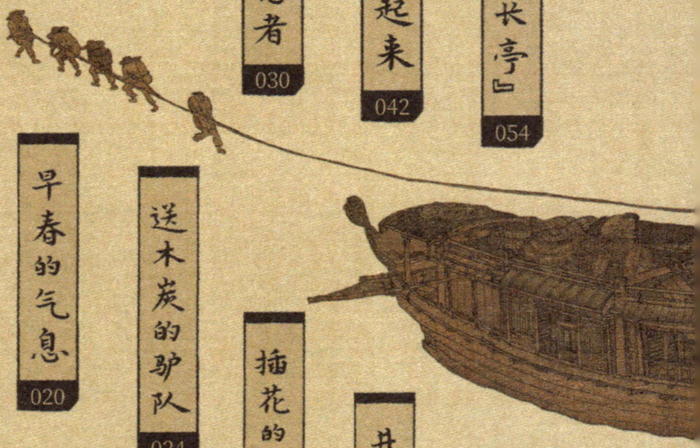

附录

前言

变法时代的帝国符号

《清明上河图》自二十世纪五十年代再度面世以来，一直受到海内外专家学者的高度重视，中外学术界与一般大众对它的熟知度远远超过其他的中国古代绘画。近六十年来，海内外研究和关注《清明上河图》的热度方兴未艾，同时又出现了深入拓展和跨学科的趋势，在参与研究的人数、论著数量，以及论述的广度和深度方面都是任何一幅中国传世绘画作品难以望其项背的，但也是争议最大的。争论的焦点主要集中在“真伪之辩”“汴京之辩”“清明之辩”，以及“成画时间之辩”等几个方面。这些研究主要汇集在辽宁博物馆主编的《〈清明上河图〉研究文献汇编》(2007年)和故宫博物院主编的《〈清明上河图〉新论》(2011年)中。研究的专著也有出版，如加拿大艺术史学者曹星原教授的《同舟共济——“清明上河图”与北宋社会的冲突妥协》，故宫博物院学者余辉的《隐忧与曲谏：“清明上河图”解码录》等。这些研究均从不同的角度对《清明上河图》进行了各自的解读和论证。

本书的作者金匠博士是廊坊师范学院美术学院引进的优秀人才，毕业于中央美术学院书法与绘画比较研究中心，师从国内著名书法家、书法理论家邱振中先生，有着深厚的理论素养和很好的研究能力。同时，金匠博士还是一位优秀的水墨画家，有着敏锐的图像观察能力，能深入图像的毫厘之处，发现常人所不能察觉的细节。为了深入研究并予以科学地解读，作者费时两个多月将《清明上

河图》全卷临摹了一遍。本书所看到的《清明上河图》的白描图像，为读者全面了解《清明上河图》提供了一个较原作更加清晰的图像参考。同时，作者还绘制了大量的图表，如宋代虹桥建筑结构的三维模型、北宋汴梁城外清明坊草市的地理位置图等，这些都为我们研究北宋时期的社会风物提供了重要的图像资料。

作者关注图像中的每一个细节，并结合史料文献，剖析了《清明上河图》创作背后的政治意图，认为图中所描绘的是宋神宗治下王安石变法时期京都汴梁城外十数里清明坊草市的场景。这个场景汇集了大量直接指向"熙宁新法"对于北宋社会形态改变的图像符号。有的学者提到《清明上河图》创作于宋神宗时期，或者提出图像所反映的并不是汴梁城内场景的观点，缺乏具体的论证手段和详尽的论述证据，很大程度上停留在推测阶段。金匠博士将时间和场景统一到王安石变法时期汴梁城外草市的论点具有一定的新意。期待这一研究成果能够获得更普遍的认可，并产生广泛的影响。

在研究路径上，作者首先界定了图像的观看者，区分出当时的图像观看者和后世的图像观看者这两个群体，为我们廓清后世对于《清明上河图》的误读提供了有益的尝试。其次，他排除一切后世图像观看者所产生的"成见"的干扰——如题跋和品鉴的文献，回到最初的图像观看者的历史语境中。最后，作者另辟蹊径采用视觉符号学的

研究方法，为我们打开了一个新视角。一件绘画就是一个具有特定意义的符号系统。虽然这是西方符号学的观点，但是在中国传统绘画的实践中，早就形成了自己的一套完善的符号体系。金匠博士坚持从图像出发，深入图像中的每一个细微之处，带着画家本身的敏锐去观察、去审视这些图像，又将它们看作一个个有意义的符号，努力寻求这种图像背后的意义指向，为大家厘清了《清明上河图》图像中近四十个有所指向的符号，指出有些符号在以往研究者的解读中被误读了。一旦我们在这样一个模式下去重新分析，一些被模糊的符号清晰起来，一些被误读的符号被重新认识，原来一些看似矛盾的解读也找到了合理的陈述逻辑，接近和还原了《清明上河图》背后所隐藏的真实历史，这也是本书的重要价值之所在。

本研究成果不是一部板着面孔的书籍，而是一部既面向大众，又适合专业学者的艺术史书。作者思维缜密，论述逻辑性强，又富于推理，能抓住读者的心理。让我们走进《清明上河图》的历史图卷中，去探究其图像背后的谜一般的“历史真实”吧！

杨学新 教授

廊坊师范学院校长

引言

清明上河图的正确观看方式

《清明上河图》是一幅纵高24.8厘米、长528厘米的宋人手卷画。

所谓手卷，应该握在手中欣赏，观赏者从右到左一段一段地展开，又一段一段地卷上，每次展开一个手臂的长度。

现在我们在博物馆中观赏手卷作品，展览的方式是将手卷画整段地展开陈列，尽可能地让观看者一览无遗地看到手卷的全貌。博物馆自然清楚这不是正确的观赏方式，但为了将一种古代具有私密性的观赏作品在现代公众空间里展示出来，这也是目前唯一可取的方法了。

这种现象的背后，其实暗示着现代公众空间和技术发展对人们观看方式的影响。一旦现代人习惯了在长长的展柜中，或者以图片影像的方式一览无遗地观看古人的手卷，就必然带入我们今天的视觉认知习惯和对时空的感知去解读这些手卷作品，再问一些会让古人摸不着头脑的问题，例如，"同一个人为什么多次出现在画面中？"（如《洛神赋图卷》《韩熙载夜宴图》）"《清明上河图》表现的是早春时节的清明节，还是小酒上市时节的秋景？"

我们今天关于《清明上河图》的许多知识，包括众多研究专家的解读，在很大程度上其实就是在错误的观看方式的基础上所产生的认知。手卷总是从右向左展开，然后又从左向右闭上。这样一种展开的方式左右了观看者的视线移动之线，这条线也是一条空间转变和时间流动之线。中国传统绘画中暗含着自己独特的时空观，画在展开的过程中，空间在转变的同时，时间也会徐徐地流动，或是从此时转移到彼时；又或是从一个季节之中走向

云气缭绕中，一片广漠的田野仿佛刚刚苏醒，带着一丝淡冶的笑意从画卷的边界徐徐地向我们走来，并逐渐将我们这些观看者笼罩在它的薄雾之中，慢慢地，我们亲身感受到了一股袭面而来的冷意。我们从河岸的光秃枝丫——一种概念性的“鹿角枝”和“蟹爪枝”，中国传统山水画寒林的表现技法——和杨柳树见绿的柔枝中，感受着春寒料峭，这是我们熟悉的北方大地早春的气息。

这种气息是我们在观看北宋另外一幅山水名作——郭熙的《早春图》时得到的相同体验。无论是从两幅作品给予观看者的感受，还是它们所使用的绘制技法，我们都能看到相同的地方——或许我们可以将这种相似看作时代的风格，又或许是一种师承。

《早春图》 北宋·郭熙 绢本（原）158.3×108.1厘米

不容置疑，正是我们在郭熙的标明了是《早春图》的山水画中，得到了对于山水中季节的感知体验——“春山淡冶而如笑，夏山苍翠而如滴，秋山明净而如妆，冬山惨淡而如睡”。这使我们确信《清明上河图》前端所描绘的景象为清明时节的早春。

郭熙乃何方神圣？

“李郭范米”，熟知中国山水画历史的人常常用这四个字来概括北宋山水画的成就，它们是北宋四位山水画画家的姓氏，李即李成，郭即郭熙，范即范宽，米即米芾。用一个人的艺术成就或者一幅代表作来总结一个时代的风格，是书写艺术史的常见手法。显然，这有很大的局限性和对其他艺术家的不公，但也有一定的合理性。往往一件杰作或一个杰出的画家，它/他本身强大到可以将他同时期的作品和画家秒杀掉，而成为它/他那个时代的代表，使他身处的时代成为他的时代，郭熙就是这样一位画家。

“昔神宗好熙笔，一殿专背熙作。”郭熙在宋神宗时期如日中天，当时的皇宫和翰林院成了展示郭熙作品的个人美术馆。宋神宗如此地宠爱着这位画家，还特别安排他“考校天下画生”，更确定他成为宋神宗时期画坛的领袖。他的绘画风格成为宋神宗时期的主流风格，从而影响到其他画家的创作，这是很自然的事情。张择端在那时是否也在仰望郭熙这具高大的身影，并努力从郭熙的作品中学习一些讨时人喜欢的趣味和技法，这已然无从考究。但是，熟悉绘画语言的研究者一眼就从《清明上河图》的开端看到了“郭熙时代”的影子：早春、早春，这是汴梁的早春。那么“清明”是否就是清明节——这绝对是画家或题名者为后人挖的一个坑。

送木炭的驴队

早春的汴梁(即开封)，十数里外的郊区，汴河的河水随着大地万物复苏而解冻，流水潺潺，一只农家的小木船正静静地横在桥边。一桥之隔的河岸上，一支驮着木炭的毛驴队伍在一老一少的牵引和驱赶下，从早春的雾霭中走出来，正准备渡过河边的土木平桥，走进随着画轴展开而要呈现出来的河边的草市。

木炭在画面中作为第一个重要的元素出现，或许对创作者来说是无意识地呈现，他只是将自己看到的景象直接表现出来罢了。但是，对于后世的研究者来说，它是一个重要的“符号”，有所指称的符号。有研究者从孟元老的《东京梦华录》中“十月一日……有司进暖炉炭，民间皆置酒作暖炉会也”(孟元老:《东京梦华录》卷

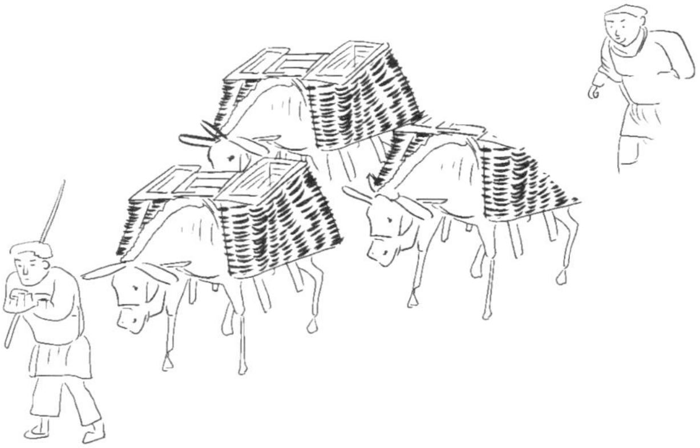

九）的记载，并以此为据，认为《清明上河图》表现的是农历十月秋天的景象。

这显然是对这个符号的误读。在笔者看来，这个符号背后指向的是北宋人浓浓的世俗化的生活，围绕“每日不可阙者，柴米油盐酱醋茶”的日常生活的开始——习惯于天然气和电能的现代人，一天的生活应该是从打开某个按钮开始的，而木炭只是在烧烤时才能用到——北宋人一天的生活则是从点燃一块木炭开始的。仆人们起床的第一件事就是点燃火盆和炉灶中的木炭，服侍着主人的起居用餐；那些饭店酒肆里的伙计，也无不是早早地用木炭助燃了炉灶中的煤炭，开始了一天火红的买卖；沿街叫卖茶水的茶小哥所提的便携式茶壶下面，也需要用木炭燃烧来保温；北宋高度发达的诸多手工业，如金属冶炼、锻造、首饰加工等也需要木炭来助燃更高燃点的石质煤炭……

木炭是北宋时期很重要的生活物资，也是在《宋史》中频繁出现的名词，“有京西、陕西、河东运薪炭至京师，薪以斤计一千七百一十三万，炭以秤计一百万”。（《宋史》卷一百七十五）同时，木

炭还是宋代朝廷官员薪酬中的重要一部分，“宰相、枢密使岁给炭自十月至正月二百秤，余月一百秤”（《宋史》卷一百七十一）。从这则文献中，我们可以否定木炭是“秋景”的符号这个论点，因为朝廷除了在秋冬季节供给木炭之外，其实在其他月份也供应木炭，这进一步说明木炭是北宋人每日生活中不可或缺的物资。

烧制木炭有着古老的历史，需要挖土筑窑，再填满木薪，从窑门或火门点燃木薪，使木薪在不充分燃烧的环境中缓慢炭化，挥发物逸出而剩余木炭，这种处理方法减少了木薪直接燃烧所散发的烟尘和异味。这种烧制工艺，需要专门的场地和窑窟。宋代大规模的伐木烧炭一般是由地方官派大批的役卒来完成的，以满足朝廷每年的大量需求。但个体的烧炭也比比皆是，《清明上河图》中呈现了三处这样驮炭的毛驴队伍，他们的队伍都只拥有三到五头毛驴这样的一个规模，说明他们都是小规模的家庭作坊式的烧制，和供应都城之外的草市规模的需求相适应。洪迈的《夷坚支志》中记载，“南剑州顺昌县石溪村民李甲”“常伐木烧炭，鬻于市”。这呈现的正是《清明上河图》中所展现的相似图像。

青苗法的受惠者

转过土木平桥是几间草舍，草舍的简陋以及草舍后面晒谷场的大石磙子，指示这家草舍的主人应该是一位有着少量可以自己耕种田地的中下层半自耕农——这样的身份在北宋时期列属第五等户（漆侠:《宋代经济史》），在他们前面的分别是大地主、中等地主、小地主、自耕农（土地在百亩以下的富裕农民），在半自耕农下面的就是没有土地、靠租佃为生的客户。半自耕农如果在“熙宁变法”之前的北宋中期，即土地大兼并时期，他们的处境是十分艰难的，一方面他们的土地少，经济力量薄弱，需要靠天吃饭，一旦负债，就面临着被兼并和破产的风险；另一方面，他们是北宋差役最主要的承担者。在王安石的“免役法”颁布之前，这样的五等户往往需要承担名目繁杂、没有报酬，而且还要自己承担费用的职役，如承符、散从官、人力、手力等，或为州县官吏派遣追催税务、“奔走驱使”，甚至到各地的仓库、纲运等事务中充作苦力，稍有差错纰漏，还需要自己出钱来承担官府的损失（漆侠:《宋代经济史》）。

这样的五等户在北宋的农户总人口中约占到25%（漆侠：《宋代经济史》），他们的现实状况在一定程度上映射了一个社会的状况，也是朝廷的当权者从江山稳固的角度需要重点关注的一个阶层。在丰收之年，他们靠着自己的土地和劳动可以养活一家人，并向朝廷缴纳相应的税钱，同时完成派遣下来的职役。但一旦遇到天灾人祸，他们就需要靠着借贷来渡过难关，当时民间猖獗的豪强之家放高利贷的利息是每年100%至300%，稍有不慎，这些经济力量微薄的半自耕农就会被大地主兼并土地，沦为客户。

“熙宁变法”中，王安石颁发“青苗法”的一个直接出发点，就是帮助中下层农户在青黄不接时规避高利贷的风险，而政府又可以从发放贷款中获取利息的收益。“青苗法”规定的利息是半年20%，一年40%，这相对于300%的民间高利贷而言，确实是施惠于民，有利于国。但这样的新法颁布下去却是断绝了兼并大地主的生财之路，必然会招致那些为大地主代言的士大夫官僚的

反对。从文彦博怼宋神宗的一次对话中，变法反对派的真实出发点已昭然若揭，“为与士大夫治天下，非与百姓治天下也”。

在《清明上河图》中的这段图像中，“闲置的石磙”是一个被忽视的符号，一个时间指向的符号，指向青黄不接的时节。在空旷的晒谷场边缘的树丛中，隐藏着一个农妇和一个童子，虽然看不清她们的表情，但画家准确地描绘了她们在玩耍的形态，从她们的侧影中可以感受到一种轻松和愉悦。在画面中这处草舍的左边不远处，另有两所农舍，画家又画了一个老妪和一个蹒跚学步的童子在瓦舍前的空地上欢快地嬉戏；在另一处屋外有两头黄牛的农舍中，一个农妇抱着一个婴儿在看着屋外的黄牛——难道也是重要的事情要画三遍吗——后两者形态清晰一些，一种幸福感通过张择端的线条脱纸而出。本应该在青黄不接时节为借高利贷而愁眉苦脸、忧心忡忡的农户，却在画面中为我们呈现了另一番情形，画家想要向我们说明什么信息，其实答案早就画在这三

个农妇和她们的孩子的身上。

另外，我们在这三处农舍中，还发现了一个共同点，就是它们的男主人的缺席。

我们无法从图像中找到答案，但我们可以作出以下推测：一是他们在农闲时应募了“免役法”颁布之后的差役；二是他们参加“保甲法”颁布之后的农闲的民兵训练去了；三是他们在青黄不接的时候，由于朝廷借贷的“青苗钱”，他们的手中有了余钱，可以投身到他们不远处的草市中去，开始他们的副业。无论哪一种情况，显然

早春的气息

脱离农户的身份，这在北宋神宗朝是有记载的。显然，《清明上河图》作为静止的图像无法为我们展现这样一个过程，但这些图像的背后，又在暗示这样一个“大城市化”的历史趋势，这个趋势从北宋时期就开始了，就是到了今天也没有停止过。研究者往往容易忽视这个从北宋就开始的变化的程度，以至于我们将《清明上河图》所表现的汴梁城十里之外的草市，误以为是汴梁的繁华。

他们的家人不用再为他们和一家人的生活而担心了。

这么看来，他们共同的缺席绝不是一种偶然，而是一个隐藏的“空符号”。“空符号”有着具体的意义指向，他们与画面中呈现的符号指向同一个“意义”——“青苗法”施惠于民。

生活在城郭边上的农户，也是最容易分化的一部分，他们可能从之前的以农业为主兼营副业——如《清明上河图》中所显示的，他们在农闲的时候开设茶舍——随着社会商业经济总的体量增大而完全转向以商业和手工业为主的坊郭户，已经

插花的轿子和外任的官员

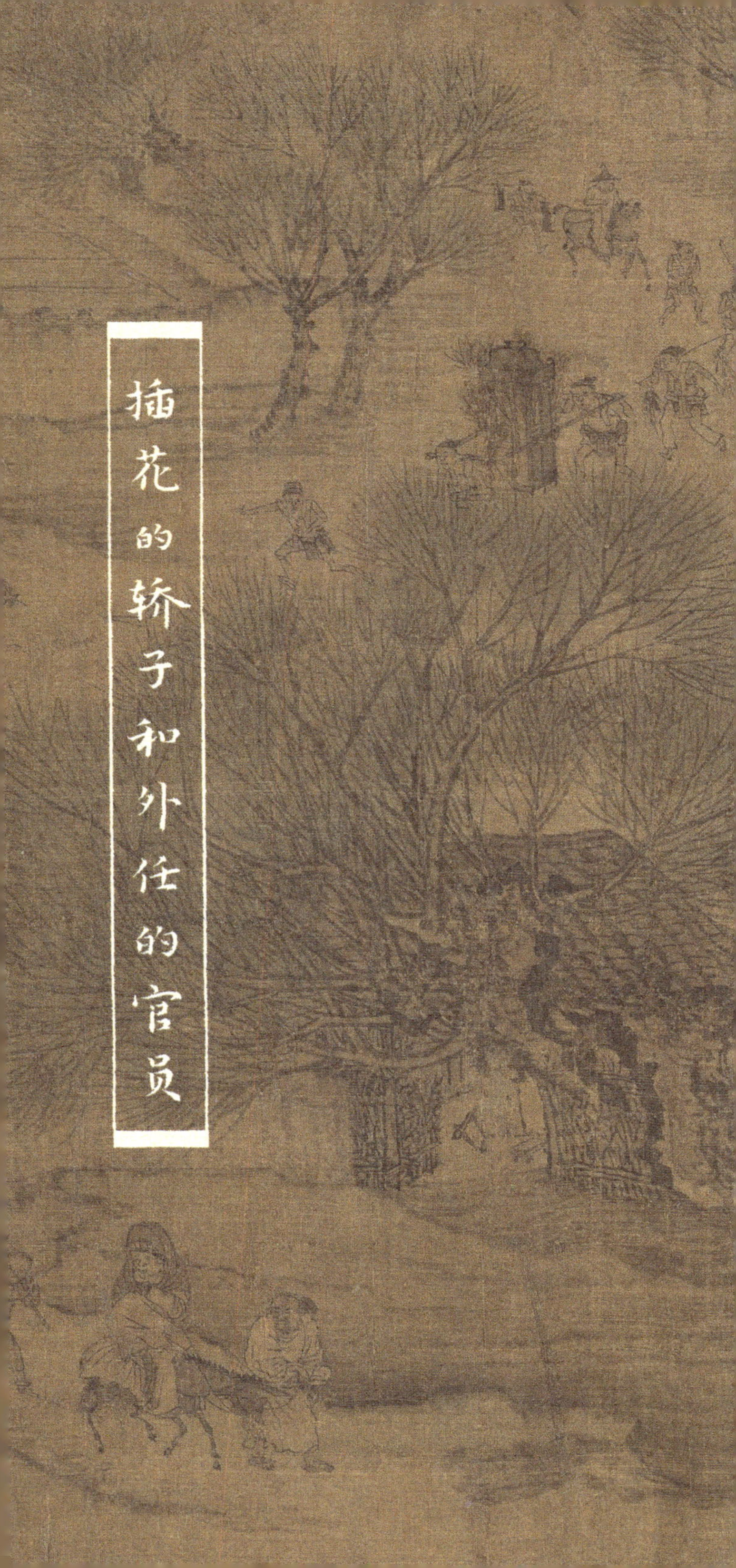

缝衣服和有鱼吃的役卒

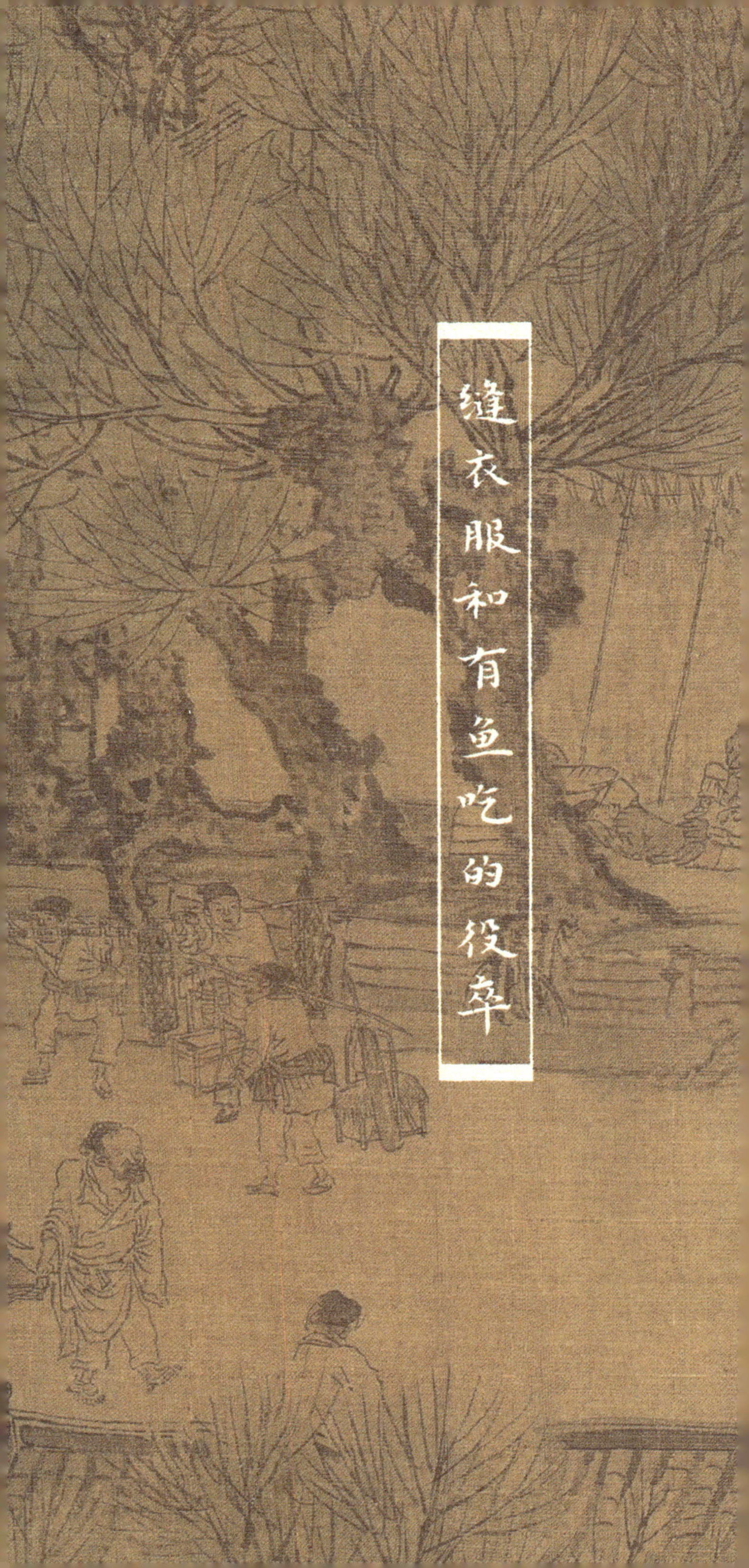

草舍后面的土路是一片柳林，再往前是一个交叉路口，从远处行来一队人，共七个随从簇拥着一乘插满花枝的轿子和一位骑马的男子。队伍前面有一个喝道人，按照宋代的礼仪规矩，没有品级的普通平民是禁止使用这样的仪仗的。从随从和有喝道人的队伍规模来看，骑马的男子应该是朝廷的官员，轿子中应该是他的女眷。这个队伍在以往的研究者解读中，一直被认作清明节出城扫墓兼春游归来的队伍。他们的主要证据就是孟元老《东京梦华录》中关于清明节的一段记载：

“清明节……四野如市，往往就芳树之下，或园囿之间，罗列杯盘，互相劝酬。都城之歌儿舞女，遍满园亭，抵暮而归，各携枣(䭔)、炊饼，黄胖、掉刀，名花异果、山亭戏具、鸭卵鸡雏，谓之‘门外土仪’，轿子即以杨柳杂花装簇顶上，四垂遮映，自此三日，皆出城上坟，但一百五日最盛……”

图中出行队伍中的轿子周围正好插满了红色的杂花，而且轿子后面的随从所挑担的物什又酷似雉鸡之类的土仪，所以一直以来被认为是清明节的重要符号。在笔者看来，图中所描绘的，其实远没有孟元老用文字所描绘的清明时节北宋汴梁的盛况，一顶插着杂花的轿子，远不足以证明这就是清明节。我们从随从的衣装可以看出，随从的上身是一色的宋代常见的“两裆”（一以当胸，一以当背）的汗褂子，腰间系着脱下的上衣，下身有的穿着长裤，有的只是简单的，我们今天在日本相扑运动员身上才能看到的，将下身包裹的三角形犊鼻裤——北宋平民的常用下服。另据研究者指出，北宋中后期的汴梁处于历史中少见的寒冰气候（彭慧萍：《小冰期时代的赤膊者：“清明上河图”的季节论辩与“写实”神话》），也就是说，北宋时期的汴梁，比现代的开封还要冷很多，即便是随从的人员因为劳动会感觉身体发热出汗，也不应如此只穿着汗褂和犊鼻裤。这不符合北宋时期清明时节汴梁的气候特征。在笔者看来，如果要将这一队人视作画作中的符号的话，它并不指向清明节这个意义，因为它在这个意义上的指向是相互矛盾的。而且，宋代人有插花的习俗，不一定只是在清明节才在自己的轿子上插花或者插上树枝。从随从的衣着和官员所戴的遮阳的斗笠，我们倒可以做这样的一个推测：画中所描绘的这一段已经不是早春，插在轿子上的杂花和树枝，或者是用来遮阴，或者纯粹是轿子中的人喜欢花枝而要求插上去的，又或者是其他的原因。

画家在创作时并没有坚持一个时间的持续，笔者在后面的附录中也会提到，这画不是一天画出来的，画家是在一个很长的时间跨度中来完成这幅作品的。他或是在早春过后一个晴朗而炎热的夏季中的某一天，偶然看到了这支队伍，并将他们记下来，再回到自己原来架构的早春的画面中，他没有考虑季节而只是考虑空间的需要把其安放在这里。它的安放既是精心的也是随意的，因为还没有受到现代影像记录视觉感知习惯影响的北宋画家张择端，他更多的是从空间布局的角度来思考自己的画面，他的时间观也异于我们今天对于时间的感知。这样的一个队伍是他看到的，他们是真实存在的，他“真实地”记录下来，并将他们安放在他认为“合理”的地方。

所以，他们的出现不是一个指向清明节的时间符号，而是一个事件。这个事件到底是什么？ 或许还有待我们更多的发现，笔者也不能妄下断论。我们只能这样认为，这是一个有着一定品阶的官员——从他所骑的马的头上和尾部所点缀的缨饰来看，他应该是一个品阶在三品以上的外放官员（宋代的“鞍勒之制”，有着严格的规定，据《宋史》记载，“凡京官三品以上外任者，皆许马以缨饰”）或者京官——带着他的家眷，在一个炎热的天气中，从远处行来，正在通过前面逐渐热闹的街市，走向汴梁这个权力中心；第五个随从的肩上所扛的那个长条形的物件，或许是一个重要的标识，但我们今天已经不能准确地解读它。

马骤然多了起来

在前面的外任官员回城的队伍中，我们看到了《清明上河图》中的第一匹马。很快，另一匹马在这支队伍的前面出现了，它是一匹“疯狂的惊马”。可惜因为原画在这个地方由于绢面的破损，我们只能看到这匹马的半个身子，从它那高高扬起的后腿和飘拂的红缨，以及后面手中拿着扇子的随从追赶马的形态中可以看出，这是一匹失去控制的惊马。马的主人应该是一个有着高品阶的官员，官员的身影半掩在农舍前的柳树树梢中，他正在努力地指挥那个手里拿着“便面”扇子的随从去追赶。

我们的视线还停留在早春的雾霭，农家的天伦之乐，以及官员带着自己的家眷回京喜悦的气氛之中，突然一匹“惊马”的出现，扰乱了我们的视觉节奏，也打破了画面前端给予我们的静谧感觉。画家这样安排一定有着某种用意，以往的解读者多认为，这是一种隐喻，“闹市中的惊马”暗示着当时社会的矛盾和冲突，或许这更是北宋灭亡的一个警兆。解读者得出这样的推测，都是将《清明上河图》界定在宋徽宗时期汴梁的社会景象这个预设条件下进行的。但是，笔者在附录中会详细地论述,《清明上河图》的时间和地点不是宋徽宗时期的汴梁城内，而预设的是宋神宗时期汴梁城十数里之外清明坊的草市。郊外草市中的“惊马”是否会是宋王朝灭亡的警兆呢？这显然是一种误读。而且,“惊马”不是发生在闹市之中，而是在农舍的前面，不会引起多大的骚乱和破坏。失控的马，应该是日常生活中常见的场景。画家在捕获到这个场景后，自然地记录下来，并安放在画面的前端，他清楚“惊马”在郊外农舍前的失控所引起的骚乱和破坏是微弱到可以不计的，这样一种没有破坏的失控，本身则带有喜剧性效果——它更是一种绘画的技巧，是画家匠心独运的一种体现。

在笔者看来，应该关注的是另一个点，马在画面中一开始就频繁地出场，画家甚至用“惊马”这个戏剧性很强的手法来引起观看者（包括当时的观看者和后世的观看者）的注意，这似乎是画家想要提醒大家，这是一个重要的信息符号。

骑兵在冷兵器时代是军队最重要的制胜力量，几乎可以说，谁拥有了强悍的骑兵，谁就拥有了战争的主动权。所以，马匹也就成了重要的战略资源。由于历史的原因，马在两宋时期变得比历史上任何一个时期都显得尤为珍贵。因为最适合养战马的土地，一定是高寒之地，还要求有相应的高山大谷，有草地和泉水，才能群养马匹。华夏大地上较适合养马的地方，一个在东北，一个在西北，可惜这些土地当时都在外族的控制下，一个长期被辽国契丹占有，另一个在西夏的境内。北宋朝廷没有优质的马匹来源，一直是令其头痛的事情。

北宋朝廷为了保证战马的供应，分别在河北路和河南路等路建立了监马司，由政府出资出地委托人专门养马，但在熙宁五年（1072年）朝廷颁布“保马法”之前，北宋的监马制度所费甚多，收获却甚微。例如，宋仁宗时期河北监马司饲养一匹马占草地一百一十五亩；广平监的五六千匹马，占了邢、洺、赵三州良田一万五千多顷——而这样的土地足以养活千百万的人口；宋神宗熙宁二年至五年（1069—1072年）河北路、河南路两地的监马司共花费五十三万九千缗钱，而仅能饲养出供骑兵使用的战马二百六十四匹（《宋史》卷一百九十八）。这是北宋朝廷十分焦虑的事情，要想富国强兵，改变现行的政策势在必行。战马如此，民间的用马也更是受到了严格的控制，凡健壮的马匹都首先要被征调到军队中使用。活跃在北宋中后期的官员王得臣（1036—1116年）所记载的一则笔记，为我们保留了北宋中后期汴梁民间用马的一个历史场景：

“京师赁驴，涂（途）之人相逢无非驴也；熙宁以来，皆乘马也。按古今之驿亦给驴，物之用舍亦有时。”（王得臣：《麈史》卷下）

在熙宁之前的京师汴梁，由于马匹稀少，京师提供的都是租赁驴的业务，路途上见到的都是骑驴人；之后都是骑马的人。这一转变不是什么风俗习惯的改变这么简单，其实背后指向一个重要的事件——“保马法”的颁布和实行。作为与“保甲法”配套的“保马法”，这是一个朝廷借用民间力量的好办法，反映了改革者

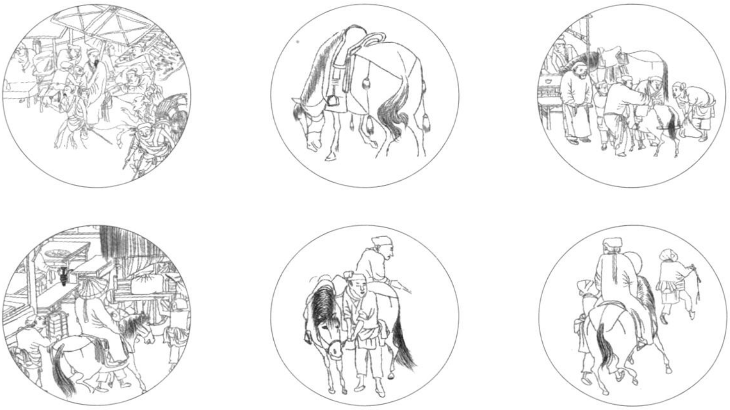

的智慧。既然政府集中养马花费巨大，而且效果也不好，不如另辟蹊径，将马分散到民间，由保户根据各自的能力向政府领养马匹，养马者每年免去一定的赋税。另外，政府还给予一定的钱粮补贴来鼓励保户养马；当然，政府会定期检查养马的质量，遇到马匹死亡所造成的损失，将由保户共同承担。这些在民间饲养的马，平时还能发挥一些捕盗捉贼的作用；到战时，再将这些马集中起来，供军队训练使用。

《清明上河图》用图像的方式告诉了观看者（或许主要是那些质疑变法效果的人），变法之后北宋疆域内可用马匹数量的猛增，全图中共有马匹二十一匹。对照王得臣的笔记来看，图中虽然还有七个人骑驴，但骑马的人数却是骑驴的三倍。如果我们假定王得臣的记载是准确的，则可以说张择端的图画里记录的是这样一个转变过程的某个中间状态。这样的一个状态也进一步反映了《清明上河图》的绘制时间是处在同一个转变的时期。

孟元老所撰写的《东京梦华录》，成书于南宋，反映的是宋徽宗时期汴梁的现实社会情况，其中记载了汴梁妓女出行的盛况："妓女旧日多乘驴，宣、政间惟乘马，披凉衫，将盖头背繫冠子上。少年狎客，往往随后，亦跨马轻衫小帽。有三五文身恶少年控马，谓之'花褪马'，用短缰促马头，刺地而行，谓之'鞅缰'，呵喝驰骤，竞逞骏逸。"这也说明在某个时间点之前，汴梁妓女出行多是骑驴——笔者在后文中将指出，张择端在画中也描绘了一个骑驴的妓女形象——而在宋徽宗时期的政和年间（1111—1118年）、宣和年间（1119—1125年），妓女出行都改为骑马，这也在另一个侧面反映了北宋中后期民间马匹数量的增加。

我们可以将这则记载看作一个变化过程中的时间端，再对照《清明上河图》中的"历史图像"——另一个时间端，我们可以更加肯定，《清明上河图》的时间端发生在王得臣和孟元老所记载的时间端之间的某个过程中。

画面中"惊马"的出现，既有可能是画家在创作时无意看到的一个平常发生在郊外的事件——一个偶然的事件，但被画家戏剧性地安放在画的前端，却不是"偶然"那么简单。它应该是画家张择端故意安放在画面中的一个有所指向的符号。

井然的田畦和沟渠

“惊马”的前面是前文已经提及的一所草舍，和被土墙圈起来的田地——一处小规模的庄园。土墙外的石磙和石槽是农户常用的农具，石槽边上的两头黄牛是一个财力的符号，说明该农户的资产在五等户的半自耕农中属于较富裕的，甚至他还有可能是拥有土地面积在三十亩至一百亩左右的第四等户的自耕农。土墙内的土地被井然有序的田畦和沟渠分割着，一些土地上可以看到正在冒青苗的庄稼，远处是用来灌溉的水井和辘轳，一个担水的农夫正在走向远处的草舍……

这样一幅图景，其实与二十世纪八十年代前的中国中原和南方地区广大农村的景象并无二致——历史在其“长时间”阶段中的一些物质基础的改变往往是缓慢的，它们会以千年甚至更长的时间段为界限（布罗代尔：《论历史》）——对于这样一个现象，有两种视角可以解读：一是从古视今，我们会说千年来农业作为基础产业发展得比较缓慢；二是从今视古，我们发现宋代的农业和灌溉技术已经发展到了相当于近现代的高度和规模。

笔者在这里采用第二个视角，宋代的农业和灌溉水平确实达到了一个较高的水平和规模。宋代自宋太祖赵匡胤建国以来，就十分重视农业水利的建设和发展。研究者指出，宋代各届朝廷都深知水利建设对于农业生产的关键作用，宋代是汉代以来大力兴修水利的鼎盛时期（傅筑夫：《两宋经济史》，北京：人民出版社，第246页），而宋神宗因实行“熙宁变法”，他在此期间所作出的成绩又尤为突出。

宋神宗十九岁即位，有着要超越唐宗宋祖的帝王理想，要改变积贫积弱的国家现状，达到富国强兵的目标，起用多受争议的“拗相公”王安石变法，首先需要做的事情就是发展农业，保证粮食的充足供应。特意为制定新法政策而设置的三司条例司，在熙宁二年（1069年）颁布“青苗法”之后，马上又颁布了“农田水利法”（农田利害条约）。

朝廷广泛接受社会各界对于农业耕种和兴修水利的意见，有重要建言和建议的人，不论身份，哪怕是吏胥农商，均能因“争言水利”而委以官职，如西城县农户葛德因“出私财修长乐堰”，便利了不少土田的灌溉，因而获得金州司土参军的官职（《宋史·河渠五》卷九十五）；为了鼓励各州县官方和民间疏浚和兴建利国为民的水利工程，朝廷提供了贷款补助，“青苗法”颁布所提供的低息贷款为农户在农闲时节兴修水利提供了重要的资金支持。自“农田水利法”颁布实施之后，宋神宗年间（1067—1085年）农田水利的兴建进入了宋代的全盛时期，取得的成就也是前所未有的。

据数据记载，在熙宁三年至熙宁九年（1070—1076年）间，各州府除开垦荒田、淤田和疏浚河道外，共计修缮水利田地一万零七百九十三处，其中农田三千六百一十一万七千八百八十八亩，官田十九万一千五百三十亩（《宋会要辑稿食货》六十一至六十八）。这对于促进北宋中后期农业生产的高速发展发挥了重要的作用。

《清明上河图》此处所描绘的灌溉沟渠纵横，田畦井然有序的农田，应该就是上面数据中的一个极小的分子。由于图像作用的直观性，我们可以看出自熙宁二年（1069年）以来所颁布的“农田水利法”给农业发展带来的最直观的效果，哪怕它因画幅空间的狭窄，而限制了它的展示规模，但对于一般观看者来说，它比一系列的抽象数据更为直观。所以，画家才会不厌其烦地在方寸之地，细致地画出了井然的田畦和沟渠、完备的取水辘轳和担水的农夫，以及冒出青苗的庄稼。

被误读的『长亭』

小庄园的左面，是一个建立在砖砌的高台上的亭子。一直以来，它被研究者认作为“望火楼”，并被贴上了宋徽宗时期朝廷“疏于市政管理”的标签。他们的依据来自孟元老的《东京梦华录》中关于望火楼的记载，“每坊巷三百步许，有军巡铺屋一所。铺兵五人，夜间巡警，收领公事。又于高处砖砌望火楼，楼上有人卓望。下有官屋数间，屯驻军兵百余人”。这段记载说得很清楚，但是，首先，孟元老所说的是汴梁城内坊巷间的望火楼，而不是郊外，郊外是否存在望火楼和它的形制规模并没有提及；其次，坊巷间的望火楼是建在坊巷之间的高处，查看着人口和房屋稠密的坊巷里的火情，而不该建在郊外的田地边——农户看护庄稼自然不需要这样的排场。

其实，此处的亭子并不是什么望火楼，而是我们无数次在唐诗宋词中看到的一个场景符号——十里长亭。秦汉时期以来的旧制，是在官道上每十里设置一座长亭，以后每五里有一座短亭，并委任一位亭长（刘邦在未发迹之前就干过这个工作）负责给驿传信使提供馆舍、供行人歇息。后来，这样的一个市政设施也逐渐兼作为亲友远行作别的场所，尤其是那些处在都城周边的十里长亭，它服务于驿站传信的功能弱化，更多地被后人认知的是送别远行亲友的“符号”。《清明上河图》中所绘制的长亭，显然沿袭了秦汉以来的旧制，它设置的位置，距离汴梁的内城正好是十里，即这个长亭应该是在后周建立汴梁罗城（北宋时期汴梁的外城）之前就在这个位置了。我们可以做这样一个计算，汴梁内城周长约二十里，外城约四十八里，北宋的汴梁不像唐代的长安是个规矩的正方形，而是一个形似卧牛的四边形，东内城距离东外城三里，东外城距离清明坊的虹桥七里，这样就是说宋内城墙距离《清明上河图》中的这个长亭正好十里（如本书227页地图所示）。这是严格按照“十里长亭，五里短亭”的旧制来设置的，它参考的位置是汴梁的内城东城墙与长亭的距离。所以，笔者可以做这样一个推测，这个长亭的设置，还应该在后周柴氏建筑汴梁外城之前，那时它坐落在汴河边上，早已是一座前朝的遗迹——它被“侵街”的店铺挤到了房屋的后面和田地的边上——它作为路人歇息和亲友作别的功能，也早已被沿着汴河边建立起来的茶舍、酒肆取代。

它的作用仅作为当时人们诗词中的一个符号而存在。苏轼在长亭不远之处的酒肆中，依着靠河的楼台与好友正在举酒话别，却依然将长亭书写进自己的诗中，“十里长亭闻鼓角，一川秀色明花柳”。但将此处的长亭写出更浓郁和销魂情感的，是在苏轼之前约五十年的另一个“浅吟低唱”的词人——柳永。他在天圣二年（1024年），再次被皇上从殿试的名单中拿下。这个用词怼了当朝皇上的词人，只好郁闷地离开汴京，从汴河乘坐客船（兰舟）赴江南寻找发展机会，并逐渐习惯去做个浅吟低唱的专业作家，原来要为卿做相的抱负也只能在这千里烟波的汴河水中，付诸东流。出发时，他在汴河岸边的酒肆中看着不远处的长亭，与情人执手离别，并写下这首流传千古的名篇《雨霖铃》。

寒蝉凄切，对长亭晚，骤雨初歇。都门帐饮无绪，留恋处，兰舟催发。执手相看泪眼，竟无语凝噎。念去去，千里烟波，暮霭沉沉楚天阔。

多情自古伤离别，更那堪冷落清秋节！今宵酒醒何处？杨柳岸，晓风残月。此去经年，应是良辰美景虚设。便纵有千种风情，更与何人说？

这个存在于诗词中的“长亭”，由于它靠近汴京，处在汴河边上繁华的草市中，这样一个特殊的位置，使它的一些最初的功能散失掉了，而成为一个历史遗迹，并被逐渐地挤到了店铺的后面。

侵街的店铺

违章建筑在宋代另有一个专有的名称——“侵街”。“侵街”是唐代之后城市内的坊市间的围墙在倒坍毁弃之后，临街的居民逐渐在面对街道的房屋周围加盖建筑或者私搭凉棚，而造成城市街衢变窄的现象。坊间围墙的拆除，一方面，它是促进城市坊市制度废止，城市走向开放的一个重要动因；另一方面，它又为城市的秩序管理带来了混乱。宋代朝廷从宋太祖开始到宋真宗时期，当政者一直都在为是否要重新恢复唐朝的坊市制度而犹豫，因为坊市间围墙拆除之后带来的街道秩序的混乱，实在是令城市管理者头痛的一个问题。但这终究挡不住历史前进的脚步，城市早已向开放式的方向发展。废除了封闭的坊市制度之后，城市的商业空间进一步扩大，商业机会也就在城市的街头巷尾出现。朝廷为了杜绝“侵街”现象，在颁发了严令的情况下，还在主要的街道上划了红线，立了表木。尽管如此，但“侵街”现象一直存在着，扰得管理者烦恼不已。

“侵街”现象主要发生在繁华的汴梁城内的街市，但由于商业空间的进一步扩展，即便是在十数里之外的清明坊草市，同样出现了违建。更有甚者，一些商人看到了汴河边上的商机，打起了汴河的主意，将汴河的堤防推平了用来建筑店铺。

《宋史》记载王存元丰五年（1082年）在开封府做知州时，“京师并河居人，盗凿汴堤以自广，或请令培筑复故，又按民庐侵官道者使撤之。二谋出自中人，既有诏矣。存曰：‘此吾职也。’入言之。即曰驰其役，都人欢呼相庆”。（《宋史》卷三百四十一）

王存在处理居民私自盗凿汴河堤防，侵河违建民庐的事件

时十分宽厚，写史的人似乎要以这件事来赞颂他在开封知州任上替民求利的美德。从另一个侧面可以看出，对于这种经常性的违建问题，朝廷也是左右为难，内廷有人主张强拆恢复原样，皇帝的诏书都要下达了。王存作为开封知州，认为这是他的职责，他似乎是采取了另一种更为宽松的处理方法，从而得到了都城百姓的欢呼相庆。宋代皇帝还是比较仁慈的，有时候强拆的报告都打上去了，皇上会觉得这样太劳民，又将强拆的命令给压了下来，左右为难。所以，我们可以从宋代的史料中看到，从宋太祖到宋徽宗每个皇帝都要严令禁止“侵街”的问题，但是在不久后又会出现。

宋神宗时期，朝廷对于不是太严重的“侵街”现象，还采用过一种更加实惠的折中办法，就是征收“侵街钱”，有钱大家一起挣，这也是一个朝廷无奈之后的“明智之举”。

“侵街”，从负面角度来看，它是城市市容建设的毒瘤——就

是今天看来，对于现代城市来说也是如此——但我们从另一个角度来看，这也是城市扩容后的一个必然趋势。汴梁城内，随着经济的发展，人口密度迅猛增加，必然迫使一些城内的居民想方设法地加建建筑，而另一个解决办法就是迁移到城外去，寻找新的发展机会，“城外十二市环城”“京城门外草市百姓”“闻多是城里居民逐利去来”（《续资治通鉴长编》卷二百五十一，熙宁七年庚申）。这促进了汴梁城外人口密度的增加，从原来的城外八坊发展为九坊，并且从原来的开封县和祥符县的管理划归到开封府州的直接管理。

熙宁七年（1074年）四月甲申诏令：“诸城外草市及镇市内保甲，毋得附入乡村都保，如共不及一都保者，止令厢虞侯、镇将兼管。”（《续资治通鉴长编》卷二百五十二，熙宁七年甲申）这条诏令，是将城外草市镇市的户口从乡村的农户直接编制到城镇中的城郭户，城市的规模也随之扩大，不再受到城墙的限制，城乡的差别在进一步缩小——以至于现代的研究者误将汴梁城外的草市当作了繁华

的汴梁城内。

我们在长亭前所看到的侵占官道的四处店铺，从规模上看，违建的时间应该不短，或许通过缴纳一定的费用早就合法化了。它们的主人或许是从城中迁移过来的坊郭户，也或许就是原来这附近的农户，他们用手中的闲钱经营了副业。他们在商业利益的驱动下，在官道上建立了自己的店铺，在与朝廷严令禁止"侵街"的斗争中，逐渐"合法化"地将一所历史遗迹"长亭"挤到了自家店铺的后面。

让我们来看看这四家店铺。

第一家店铺是一家小规模的茶舍，店内有两个客人正对坐在桌前喝茶，他们的行李斜靠在座位前，一头黑色的毛驴被拴在近旁的木柱上。茶舍的设施也被画家清晰地表现出来，我们可以清楚地看到一个燃烧煤炭的炉灶，以及炉灶上的茶壶——不要小看这个在今天看来微不足道的烧煤炭的炉灶，其实它的出现让一

种新的生活方式成为可能。美国的《生活杂志》(*Life Magazine*)曾在1998年评选过去一千年改变人类生活最深远的一百件大事，其中有中国的火药、罗盘、茶叶，以及蒙元时代成吉思汗的欧亚大帝国和现代的中国工农红军的长征，出人意料的是，还有中国宋代的饭店和快餐业。这样一种快餐业只有建立在便捷的燃料和灶具的基础之上才有可能。传统的木薪的燃烧，需要固定的灶膛，需要人员不断地添加木柴，而且木薪燃料有着热量低、不好控制、烟尘过大等缺点，但是燃烧煤炭或者木炭的炉灶的出现，弥补了这些不足，更因为后两者的清洁性、便携性，为促进快餐业的快速发展提供了可能。

茶舍外站着一个人，他正在脱掉上衣准备系在腰间，露出了他光光的脊背；他的脚下放着一根长木棍，木棍的前端捆绑着一个环形的物件，这样的一个形象在画面的后面还会出现两次——他们挤在人群中，或是在看热闹，或是在东张西望，他们两个都将这个环形的标志物扛在肩上。这应该是一个重要的符号——虽然我们现在还不能准确地解读它。

从他们三人的穿着和形态来看，他们应该是穿街走巷寻找商机，类似贩夫走卒一样的低下层体力劳动者，他们肩上所扛的环状物件，就是他们的身份标志。北宋中后期，民间存在着以某种物

件作为其经营商品和提供服务标识的习俗，如宋代话本《张主管志诚脱奇祸》所提到的“花栲栲”就是一例。（参见《京本通俗小说》之《张主管志诚脱奇祸》）所谓“花栲栲”是指胭脂绒线铺的标识，它是用竹篾或者柳条编制的、一个圆形的、可以盛东西的器物，经营者将它挂在店铺显眼的地方，熟悉这个标识的人，从远处就清楚了这家店铺的经营内容为胭脂、绒线之类的物什。它以实物作为一种经营商品的标识，在功能上同叫卖、招牌、幌子、匾牌一样，起到了宣传和识别的作用。我们在《清明上河图》中所看到的这三个人所携带的物件，应该就是这样一个类似“花栲栲”的行业身份的标识物。

北宋中期以来，都市中的商业行会发展得高度成熟，他们都有自己的行规和标识，其中大商人和依附于权贵的商户依靠自己的经济实力和权力资源，控制和垄断着这个行业，并为想要进入这个行业的新人设置了门槛——需要缴纳“行例钱”。可见在当时就连烤胡饼这样一个底层的经营活动都有着自己的行会和“行例钱”。商业行会虽然规范了行业内在的秩序，但是这样的垄断形式，在一定程度上抑制了城市工商业的发展，尤其是将一些城市贫民和小商贩的经营机

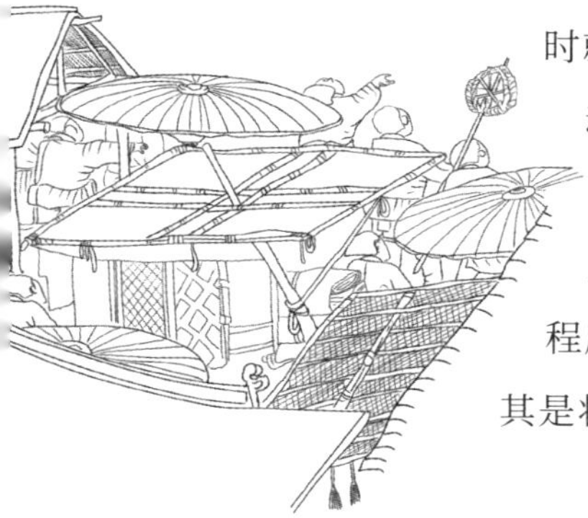

会给剥夺了。改变这种现状也是宋神宗时期推行“市易法”的一个动因之一——下文将详细讨论这个话题。我们所看到的图中这三个携带着环形标识物的人，他们悠然地在草市中穿街走巷，等待着商业机会。或许可以这样说，他们本身就是这样一个大的政治环境中三个移动的符号——城市的低下层贫民，也可以获得相同的机会——他们是“市易法”颁布后直接的获益者之一。

第二家店铺是一个馒头铺，馒头在北宋不叫馒头，叫炊饼——《水浒传》中武松的哥哥武大郎就是靠担卖炊饼为生——原来称“蒸饼”，因避宋仁宗赵祯的名讳而改名（《青箱杂记》卷二）。店铺门口一叠的蒸笼敞开着，露出笼屉中的炊饼，店主正在向一个路过的担夫销售一个炊饼。

第三家店铺门口挂着一块青白相间的布帘，门楣上用粗木棍搭起一个装饰的门形支架，支架的侧面挑起一面青白色的小旗，旗上书写“小酒”两个楷书字，说明这是一家酒店。门形的支

架有些像今天商家开业或者做促销活动的彩色充气气球。其实，它就是起这样一个作用，在宋代叫“欢门”，是从五代后周时期保留下来的风俗。原来汴梁的店铺为了迎接后周皇帝郭威游幸时所临时制作出来的场面，本身是一个临时性的建筑装饰，后来效果不错，被作为一种风俗保留了下来，一直延续到南宋时期，几乎成了宋代酒店和茶楼的一个符号。在《清明上河图》中，我们可以看到多处这样的装饰，他们都是酒肆酒楼的门面。那个挑起来、挂起来的青白相间的小旗，上面或者写着字，或者就是一面空白的青白旗，它在宋代叫作“望旗”。《水浒传》中写武松从孟州城出发到快活林去打蒋门神，书中写道“无三不过望”，意思这一路走过去，每看到一面“望旗”，就要进去喝三碗烧酒。可见“望旗”已成了酒肆的标识和指称了。确实如此，在宋代，酒是朝廷严格控制的专利专卖，私自酿酒会遭受严厉的惩罚，所以这面青白色的“望旗”其实就是朝廷授权专卖的标志。

这家店铺的“望旗”上书写着“小酒”两个字，所谓“小酒”是“自春至秋，酤成即鬻，谓之‘小酒’，其价自五钱至三十钱，有二十六等；腊酿蒸鬻，候夏而出，谓之‘大酒’”（《宋史》卷一百八十五）。

可见“小酒”是相对“大酒”而言的，应该是一种低度的浊酒。

第四家店铺的侧面树立着一个招牌“王家纸马”，这是一家纸马店，店家将店内的一些纸糊的纸马类东西堆在门前的一张桌子上，垒成了一座小山。在以往的研究中，它被视作一个符号，指示《清明上河图》所描绘的时间就是清明节，他们的依据依然是孟元老的《东京梦华录》中关于清明节的一段描述：“清明节……纸马铺皆于当街用纸衮叠成楼阁之状。”显然，我们仅凭《东京梦华录》中的这段记载，就断定是清明节的证据依然是不足的。纸马是中国传统丧葬文化的必需品，这样的纸马店在今天中国的城镇中还能见到，它们都是全年营业的，并不局限在清明节开门营业；而且图中所堆垒的纸马，也没有达到孟元老所描述的那样成“楼阁之状”，因此它不足以成为一个指向特定时间的符号。

在这四家店铺的官道对面是两家规模相对较大的食店和酒店。

第一家店是食店，这是笔者的一个推测。店家既没有张挂能出售酒的“望旗”，也没有坐下来喝茶的客人；店主正在店外用长竹竿支起一串彩旗；店外的木柱上悬挂着另一面考究的幌子；

店内和店后面的凉棚下摆放了不少整齐的座椅。在画面中，店内的后厨也清晰可见，店内的伙计正在忙碌着。从画中所呈现的这些景象看，我们可以推测这是一家食店，因为还不是用餐时间，店家正在为食客的到来做各种准备。紧邻这家食店的，是一家规模较大的酒肆。我们看到的是酒肆的后面，从房屋的建筑和设施以及店门前的“欢门”的规模可以看出，这家酒肆的规模不小；后门边上的一杆旗帜上用篆书题着一个“万”字，或许这是店主的姓——北宋时期的商铺多是以店主的姓氏来冠名，如我们刚刚提到的“王家纸马”，以及在后面会看到的“孙羊正店”“王员外家邸店”“刘家香铺”“杨大丞家诊所”“王家罗明疋帛铺”等。

在“万家”酒肆“欢门”的前面是官道上的第一个十字街口。十字街口的西北角一家食店的门口停着一辆两头毛驴牵引的独轮串车，串车上满载着货物，货物被一张书写着草书的毡布所覆盖——在后面我们还可以看到另一辆这样的串车，它被以往的研究者视作宋徽宗时期“党争”的一个符号。这是否是过度解析，笔者在后面会再讨论——串车的主人正坐在凉棚下的桌前，画家将他的形象描绘得十分生动：他的一整张脸都埋在他端起的

一个大碗里，右手拿着筷子，应该是在努力喝干碗中的面汤之类的食物。串车的后面另有两桌客人，他们的形象同样十分生动。画家准确地将他们边吃边交谈的瞬间捕获住了：一个客人正慵懒地依靠在店前的树干上；他对面的人正抬头望向对面桌子的客人，一只手下意识地用筷子夹起碟中的食物；对面桌子上的客人侧过身来，手中还捧着一个大碗。从他们身后的马匹和正在喂马的随从可以看出，他们的身份不一般——这是我们在画面中看到的第四匹马，第三匹马在前面提到的“王家纸马店”侧面的街巷中。

沿着十字街口往前，分布着十数家食店、茶舍和酒肆，一直到第二个十字街口——虹桥前。这些场景被画家安排在画布的边缘，没有太多值得我们关注的地方。我们还是将画轴卷回一段，将视线移到我们所说的第一家食店的地方。在食店的下面，我们看到了船和汴河——《清明上河图》的重要主角，它们占据了画面空间的三分之一——在这个地方，我们将观看的视线转向河道。

允许带私货的漕船

首先映入眼帘的是河堤上的杨柳。

柳阴直。烟里丝丝弄碧。隋堤上、曾见几番，拂水飘绵送行色。登临望故国。谁识。京华倦客。长亭路，年去岁来，应折柔条过千尺。

——周邦彦《兰陵王·柳》

这种符号性的杨柳，在年去岁来的送别中，被人折成了满身的树瘿，多了一分历史的沧桑感。词人周邦彦将汴堤称为隋堤，更是准确地道出了汴堤和汴河的历史。

汴河其实是一条人工运河。隋朝大业初期，隋炀帝在战国时期魏国开凿的沟渠的基础上，继续开凿通济渠，将黄河与淮水接通，成为汇通江南和中原腹地的一条重要的经济动脉。至唐代改名广济渠，后改称汴渠、汴河，成为唐宋时期朝廷“岁曹东南之粟”的主要通道。

北宋大臣张方平在《论汴河利害事》中道出了汴河对于北宋政权的重要性，“今日国依兵而立，兵以食为命，食以漕运为本，漕运以河渠为主……故国家于漕事，至急至重。京，大也；师，众也；大众所聚，故谓之京师。有食则京师可立，汴河废则大众不可聚，汴河之于京城，乃是建国之本，非可与区区沟洫水，利同言也”。

这一点也不夸张，汴河既是北宋的建国之本，也是当初宋太祖赵匡胤权衡再三，最终决定在汴梁建都的一个重要原因。汴梁处在中原腹地、华北平原的南端，四周一马平川，没有任何关隘险地可守。虽然前面还有黄河阻隔，但冬季黄河结冰后并不构成任何障碍，从北方关外而来的少数民族骑兵，越过长城后两三日之内就可以直驰到汴梁的城下——更何况此时的长城还在辽国契丹的手中。行伍出身的宋太祖、宋太宗自然清楚汴梁作为首都的危险性，但综合考虑了洛阳和长安等处之后，还是决定先定都汴梁，以后再择定西迁，其中一个重要的原因就是汴梁汴河运粮的便利。从南北朝开始，华夏大地的经济重心就已经逐渐南移，北方政权往往需要靠东南“鱼米之乡”供应的粮食和物资来养活他们。唐代朝廷正是依靠“岁漕东南之粟”来养活长安的军民。但是，长安的位置在利用漕运粮食上，存在一个重要的缺陷，它需要先通过汴河的漕船将东南各地的粮食运输到黄河，到黄河再换成河船继续运输，从黄河上岸后，在三门设置仓库，再经过陆运从三门到达长安，运载的成本极高，几乎到达了“斗钱运斗米”

的程度，而且一旦遭遇战乱，粮道受阻——如安史之乱——长安就会处在饥饿的恐慌中，唐王朝正是在这样一种饥饿之中逐步走向衰亡的（傅筑夫：《两宋社会经济史》，北京：人民出版社）。如果建都在洛阳，同样要承担粮食等物资从汴河上岸陆运到洛阳的巨大运输费用。权宜之计当然是建都汴梁——这个漕运的交通要塞——先解决吃饭的问题。至于安全问题，则可以在汴梁城内多设重兵。宋太祖时期，汴梁城内的禁军占到全国兵力的75%（据［日］久保田和男：《宋代开封研究》，上海古籍出版社，2010）——这一方面是中央集权控制军权的结果，另一方面也是照顾首都安全的一种考虑。

我们再回到《清明上河图》的画面中，柳荫下停靠的是两艘木船，这种舱位低、舱体呈圆弧形的船，就是活跃在汴河上“岁漕东南之粟”的漕船。宋代漕船是专门用来在内河和运河上运送漕粮和官需物资的船只，它的样式与后世明清时期的漕运船

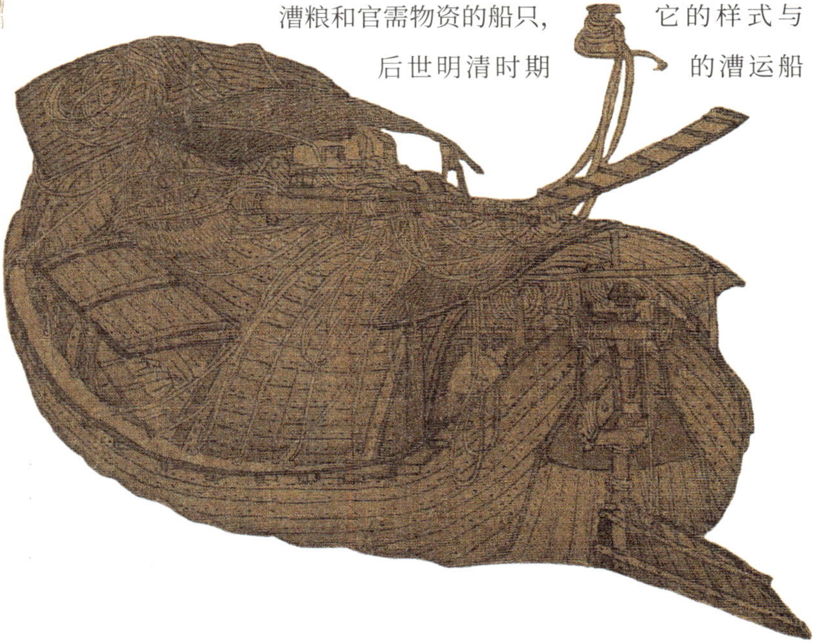

只有很大的不同。明清的漕船是一种可以在不同水域通航的船只；而北宋汴河上的漕船几乎是根据汴河的水域特征而定制的船只，拱形舱骨架为弧形，外层覆盖薄木板，这种特殊的工艺称作薄壳结构，抗张力强，横向跨度大，用木料极省，不但减轻了船只自身的重量，而且吃水不深，方便在运河上运载航行（陈守成：《宋代汴河船》，上海书店出版社）。

汴河上官方组织的漕船运输，亦称为“纲运”——“纲”的意思是以一定数量的同类物品编组为一纲——粮米以一万石为一纲。以汴河上常见的运粮船来计算，如果是五百料船，则二十五艘为一纲，四百料船以三十艘为一纲——一料相当于一石载重量，每艘船以八分的载重量来计算，正好是一万石。从宋真宗景德年间（1004—1007年）开始，汴河将江南各州县的粮食运到京师的定额大约是每年六百万石。

北宋朝廷的军粮以及京城官僚、百姓的粮食主要依靠这六百万石粮食的供应。朝廷在真州、楚州、泗州建立转运仓，作为江南各地粮食输送的中途站，江南各路漕船卸载粮食到转运仓，再由转运使的官船编纲运到京师。纲船从泗州的转运仓出发

到达京师，一个运期也大约需要八十天，才能到达京师附近的仓库，全年分三次或者四次批量运输。这样设置中转站的措施，也是出于实际情况的考虑，一是不让各州的漕船直接运送粮食至京，缩短了航程，减少了舟人在航程中因为时间过长而遭受的痛苦；二是在长江、汴河等河道中运行的漕船往往是根据各地的水域特征设计的，并不适合在其他不同的水域中通航。此外，这样做也方便各州的漕船在回程的时候，从真州（扬子江）等转运仓装载盐作为补偿运送回去，散于各州县以获取利润。

从数千里之外，每年监运数百万石的粮食来到京师，并储存起来，这本身就是一项艰巨的任务，即便有严格有效的制度进行管理，但随着具体的情况变化，又会出现制度所规范不到的地方，同时还会出现一些为了个人私利而钻制度空子的人和事。在繁荣的漕运背后总是存在着不少闹心事，所以制度在各个时期针对不断出现的问题也做了不同的调整。

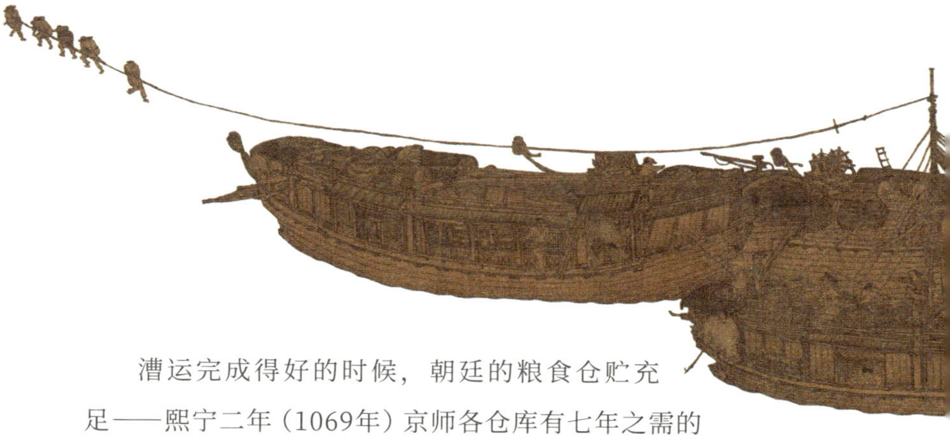

漕运完成得好的时候，朝廷的粮食仓贮充足——熙宁二年（1069年）京师各仓库有七年之需的粮食储备——朝廷的管理松懈下来，漕运吏卒“上下共为侵盗贸易”，甚至借故在航行途中将漕船沉没来消灭侵盗的罪证，这样造成的损失每年在二十万斛以上（《宋史·食货上三》卷一百七十五）。为了杜绝吏卒故意损坏漕运船只，“熙宁变法”时期，朝廷也对漕运做了重大变革，“熙宁二年，薛向为江、淮等路发运使，始募客舟与官舟分运，互相检察，旧弊乃去”。（《宋史·食货上三》卷一百七十五）征募民船分运漕粮，这样有了民间漕运船只的对照，以往借故风浪等原因而沉船的吏卒只好收手，从而杜绝了吏卒的肆意破坏。租用民船漕运的另一个好处是节省了开支，费用降了下来——虽然在宋太宗时期，朝廷也征用过民船运漕粮，但那时的前提是京师的漕粮不足两个月之需，而不得不为之的权宜之计。

从《清明上河图》中，我们首先看到的这两艘漕运船只，没有达到编纲二十艘到三十艘的规模，所以可以推断它们都不是编纲而行的官船，而是私家的漕运船只。

北宋朝廷颁布的一些政令还是比较人性化的，比如，运送漕粮的船只在沿途过税场的时候进行检查，大部分时间是免检的，并允许舟人附载不超过一定配额的私货，私货同样在免检之列，以此来激发舟人运输的积极性，既作为他们的报酬，同时也减轻

了舟人对于公家货品的消耗。所以，被征用的私家漕船在到达京师粮仓之前，都会在就近的私家商行卸下自己所携带的私货。我们在汴河上看到的这两艘漕船，包括在后面看到的几艘停靠的漕船，是否就是这样一个情况：在清明坊的草市附近卸载私货，稍作休整，然后继续驶向城外各处设置的仓库？从吃水很深的船舱，以及透过掀开的舱板，我们可以看到，船舱中依然还堆积着不少货物——这正是高明的画家对于“历史的真实”最直接的反映。

一个穿着深色长衫的老板坐在粮袋子上，正招呼着人力搬卸自己的私货。这些人力或许正如孟元老在《东京梦华录》中所记载的稍晚的宋徽宗时期的汴梁的人力市场一样，“凡雇觅人力、干当人、酒食作匠之类，各有行老供雇，觅女使即有引至牙人”。他们是临时雇佣过来的，多是贫苦的城市里的坊郭户和在青黄不接时来到草市寻求零活儿的农民。城市的工商业发展，带动了为此配套的服务行业，这些服务性行业为这些人力的生存和发展提供了新的机会。

导洛通汴——神宗朝值得夸耀的一个国家工程

宋神宗时期，针对汴河漕运的另一项重要举措就是“导洛通汴”，这也是神宗朝值得夸耀的一个国家工程。汴河作为人工运河，是在黄河上凿开一个缺口，建筑汴口开闸引水进入汴渠，以方便船只通行。黄河之水历来泥沙过多，日久就会造成汴河河道淤塞，朝廷每年都需要在冬季黄河结冰时期，关闭汴口，并组织役卒对汴河河道进行疏浚。因为冬春季黄河水上面的浮冰太多，加上河水落差大，水流湍急，浮冰对河上的建筑、桥梁，以及船只的破坏极大，所以在冬季实行汴口关闭。汴口关闭之后，汴河是不能通行船只的，一年三百六十五天中，通航的时间不过二百余天；其余的一百六十天，漕运是停滞的。为了改变这个现状，朝臣们提出过各种方案，但都难以实现，朝廷只好听任汴河这条国家经济主动脉在一年的三分之一时间里处于休眠状态。

机会终于来了。元丰（宋神宗在位的第二个年号）元年（1078年），黄河水暴涨，河床改道北移，在广武山和黄河之间留出了一条七里宽的浅滩——以前如果要引清澈的洛水进汴渠的话，必须要凿开广武山，且开渠难度极高——这一变化为引上游的洛水进汴渠提供了可能。元丰二年（1079年），宋神宗差朝臣宋用臣督办“导洛通汴”，四月开始动工，共用工四十五天，就凿渠五十一里，成功引洛水进入汴渠。这样终于结束了北宋一百二十多年来汴河漕运冬闭春开的历史。漕运自此“四时行流不绝”，为汴梁的商业发展带来了更多的机会。这样的大事，自然是值得大书特书一笔的。宋神宗下诏在洛水、汴河相交之处建立了洛庙，差礼官前往祭祀，并诏令章惇作《清汴记》，铭碑立于洛庙前。

那么在图画上，是否也需要用丹青来记录下这个重要的事件呢？《清明上河图》中所描绘的汴河场景是否对应着这样的一个历史事件呢？我们只能说存在着一种逻辑的可能性，但还没有找到笔者在前面所分析的清晰的指称符号，指出图中清澈的、没有浮冰的汴河就是指“导洛通汴”这一历史事件。

好铁不打钉

我们再回到《清明上河图》图画本身，细查漕船上那些密密麻麻的小点，它们是固定船舷板的铁钉。画家不厌其烦地将其描绘出来，加重了笔者的注意，所以在阅读文献时特意记录下了这则宋代笔记，它呈现了宋代造船和冶铁业的一个重要史实：

“诸司造船，吏夤缘为盗，每造七百料船，率破钉四百斤。曾处善为某路转运使，偶见破舰一阁滩上，乃遣人拽上以焚之，人亦不测其意。既焚，得钉二百斤，于是始知用钉之实。朝廷于是立例，凡造七百料船，给钉二百斤，自处善始。”（宋·施德操：《北窗炙輠录》）

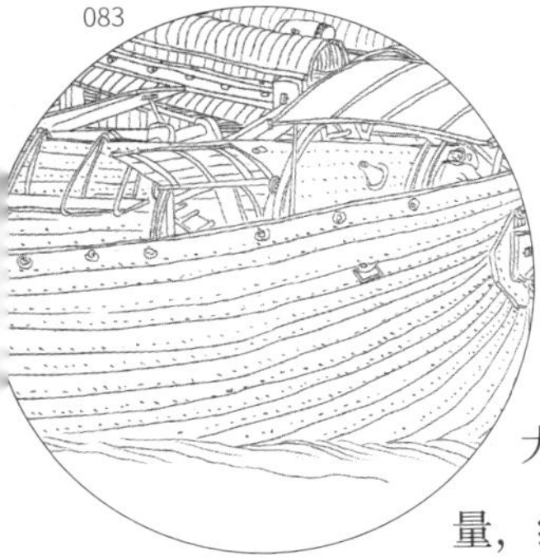

北宋一条七百料漕船的用钉量竟被这样一个巧妙的方法计算出来，并且作为标准被规定下来，这是件有趣的事情。但从有趣史料的背后也折射出北宋冶铁业的发展，北宋每年造漕船大约三千艘，光就造船用钉也有十分可观的用铁量，约在六十万斤以上。管中窥豹，可见一斑。据美国学者郝若贝估算，宋神宗元丰六年（1083年）宋代的铁产量为七万五千吨至十五万吨之间。这一产量则是1640年英国工业革命时期产量的2.5倍至5倍，而且这个产量还可以与十八世纪整个欧洲诸国，包括俄罗斯在内，铁的总产量相比（转引自漆侠：《宋代经济史》下册）。

如果钢铁产量可以作为衡量一个国家工业化程度标准的话——二十世纪的某一段时间，我们曾以此作为过工业化程度的标准——则北宋已经远远地走在了时代的前面。

汴河上的兰舟——明月何时照我还

这样一艘艘航行在汴河上的客船，在宋人的辞章中有一个优雅的名字——“兰舟”，它将江南学子、官员输送到京都汴梁这个政治中心，同时又将外放的官员送到各自的目的地。

熙宁八年（1075年），王安石在江宁（今南京）接到宋神宗的诏书，让他回京重新担任宰相。他从江宁出发正是乘坐汴河上的兰舟，驶向权力中心京都汴梁。此时，他的心情应该是十分纠结的，“熙宁变法”触及了太多人的利益，而宋神宗也不再是从前那个对自己言听计从的二十岁刚刚出头的年轻人了，自己最后是否能在变法的浪潮中全身而退呢？他在途经江苏邗江的瓜洲镇时，写下了这首被后人传颂千古的名篇《泊船瓜洲》：

京口瓜洲一水间，钟山只隔数重山。
春风又绿江南岸，明月何时照我还。

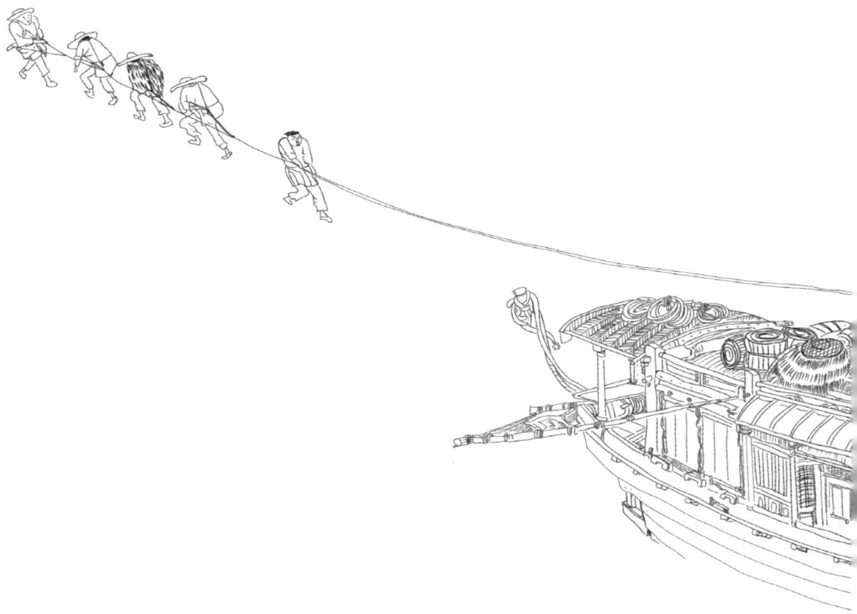

连接他来去之间的距离就是这条汴河，他出发的地方江宁，就在这数重山的后面，春风吹绿了汴河两岸的杨柳，而此时此刻他的思绪却近在眼前这汴河的尽头——汴梁。郑侠所呈《流民图》和奏章的中伤，以及市易司颁布以来所引起的朝廷内外的纷争，此时儿子王雱在汴梁病逝，让他感受到“熙宁变法”以来自己众叛亲离的处境。自己与刚刚离开的江宁还不过数重山的距离，他的归意就已经萌生，“明月何时照我还”，也为一年后他最终永久离开朝廷的政治中心而回到江宁埋下了伏笔。

新酒

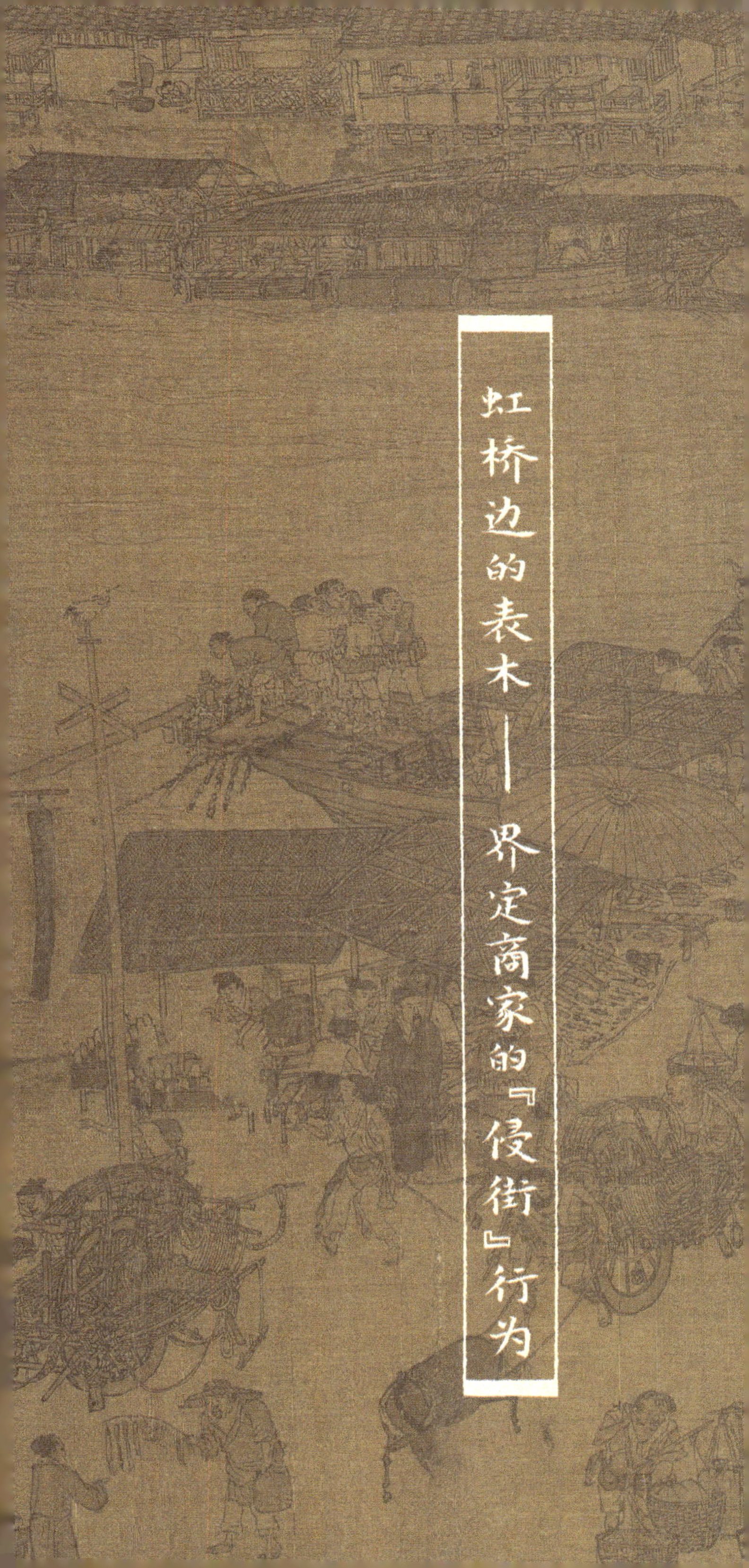

虹桥边的表木——界定商家的『侵街』行为

从老远的地方，航行在汴河中的船只就已经看到了前方四根耸立的高竿，高竿上的仙鹤或驻足静立，或展翅欲飞，船夫们便知道虹桥近了，船上的人字桅杆应该要放倒了；虹桥近了，汴梁也就半晌的工夫就能到了。

虹桥的两端这四根有着鹤形标志的高竿，不少研究者认为是风向标，并据引宋人的词句“五两风轻，移舟向、斜阳岛外”（晁端礼：《满江红·五两风轻》）来说明它的别称为“五两”。笔者不认同这一观点。汴河是人工运河，处在中原腹地，汴河上的船只如果是顺流而下，由于汴河的落差大、水流湍急，它的航行自然不需要借助其他动力；如果是逆流而上，由于没有可以借助的定向的风力，所有在汴河中航行的船只，除了只有用来人工牵引的桅杆之外，并没有风帆。所以，风向标对于汴河上航行的船只来说是没有用处的，那么汴河上虹桥周围竖立的四根高竿也就不会是什么风向标了。

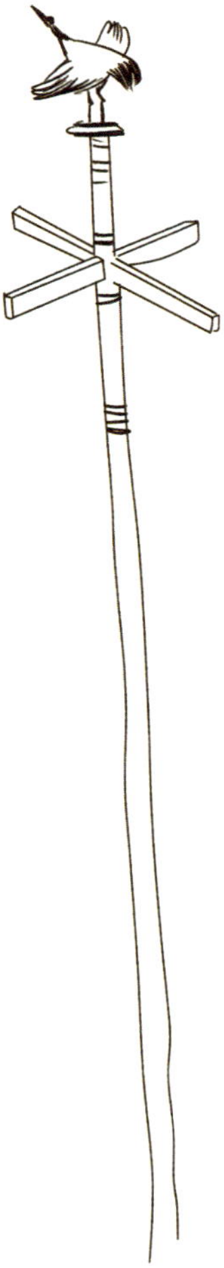

学者薄松年认为这四根高竿应该是虹桥建筑的组成部分，它的名称是华表。它是从古代贤明君王立于街衢，用以纳谏的竖木演变而来。《洛阳伽蓝记》中记载，洛阳南郊洛水上的永桥，南北两岸就竖立有二十来丈的华表，而且上端“作凤凰似欲冲天势”。这与《清明上河图》中虹桥两端的高竿十分相似，不同的是，汴河上虹桥的高竿是仙鹤的造型。凤凰和仙鹤都是吉祥的图像，常见于唐宋以来的装饰图案之中，有这样一个文献资料的印证，可以认为薄松年的观点是准确的。

虹桥的四周立柱，在宋代还有另外一个重要的功能，作为“表木”来界定商家的“侵街”行为。我们在前面已经较详细地说明了北宋时期的“侵街”行为和政府的举措，显然我们在虹桥上看到的是另一番景象，界定“侵街”的“表木”形同虚设，虹桥上的商户在缴纳了一定的“侵街钱”之后，合理合法地在虹桥上搭建临时的摊铺，开始了自己的买卖。

虹桥——汴梁城外的符号

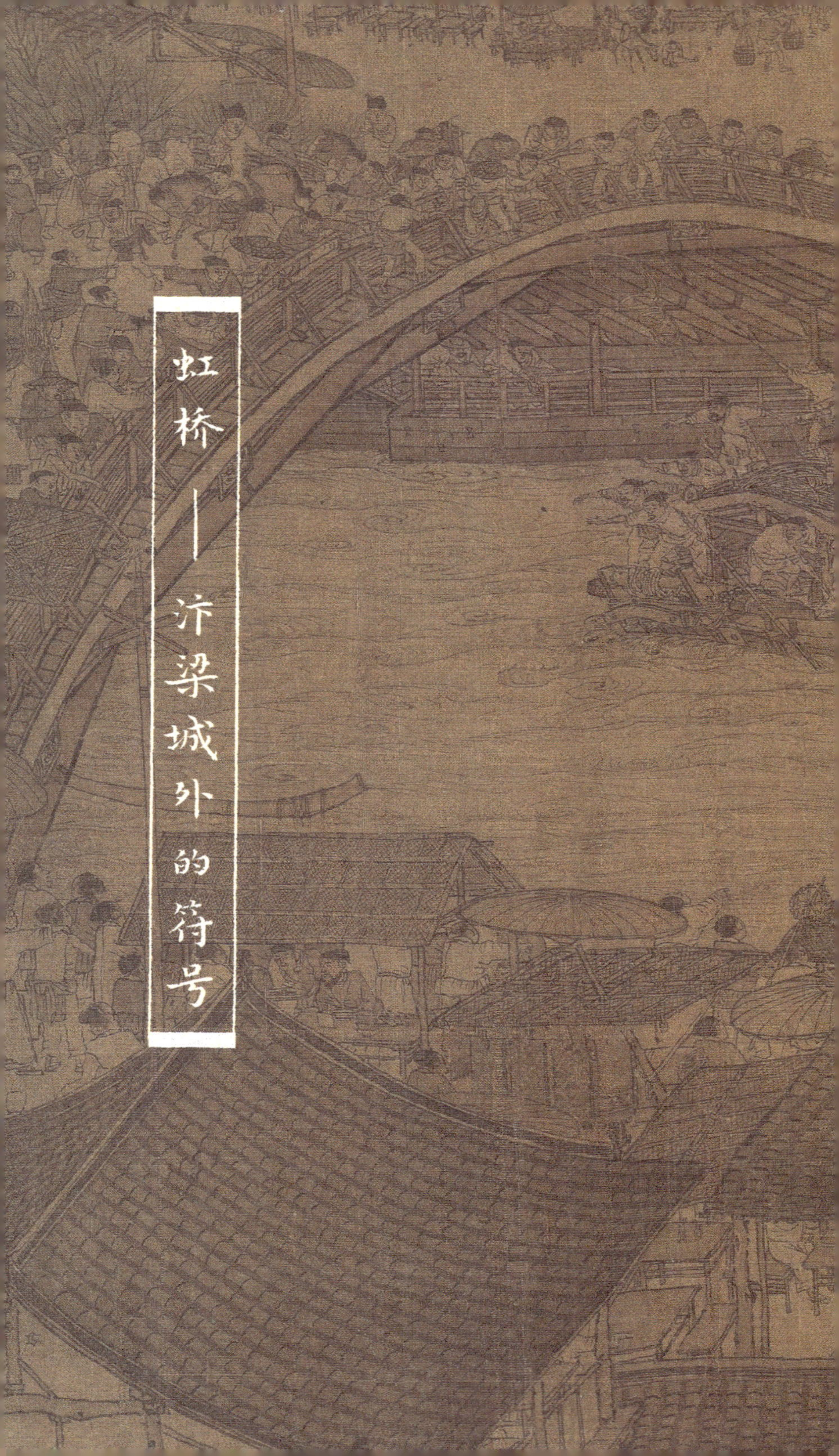

看见“表木”上的仙鹤后不久，一座飞桥突然出现在前面，它斑驳的红漆在明亮的天光中显得格外突出，像一条彩虹架在汴河的两岸。自泗州出发，在汴河上航行了近八十天，不知驶过多少座这样的无柱飞桥，船夫也不知放倒过多少次活动的桅杆。但独有这座飞桥，被人习惯地称作虹桥，因为它在所有人的眼中均有着特殊的意义：它是到达京师汴梁外城的最后的一个飞桥，也是这一路上最繁华的一处桥市。进城的人，要在此处歇脚，上岸到自己熟络的酒肆里喝一口小酒，或者卸下自己加载的私货；离京的人，要在这里与亲朋好友作别，这是过去十里长亭送别的地方，也是远行的游子踏上顺流而下的兰舟出发的地方……所有的这一切赋予了眼前这座飞桥不同的意义，也只有它才可以特称“虹桥”，它是汴梁城外的一个特殊符号。

宋人王辟之《渑水燕谈录》记载了虹桥建筑的历史，原来这座虹桥最初的设计者是一个没有留下姓名的青州牢城废卒：“青

州城西南皆山，中贯洋水，限为二城。先时跨水植柱为桥，每至六七月间，山水暴涨，水与柱斗，率常坏桥，州以为患。明道年间（1032—1033年），夏英公守青，思有以捍之。会得牢城废卒，有智思，叠巨石固其岸，取大木数十相贯，架为飞桥，无柱。至今五十余年，桥不坏。庆历中，陈希亮守宿，以汴桥坏，率常损官舟、害人，乃命法青州所作飞桥。至今沿汴皆飞桥，为往来之利，俗曰虹桥。”

它的建造巧妙地利用了两套拱木的骨架系统，如下一页图中

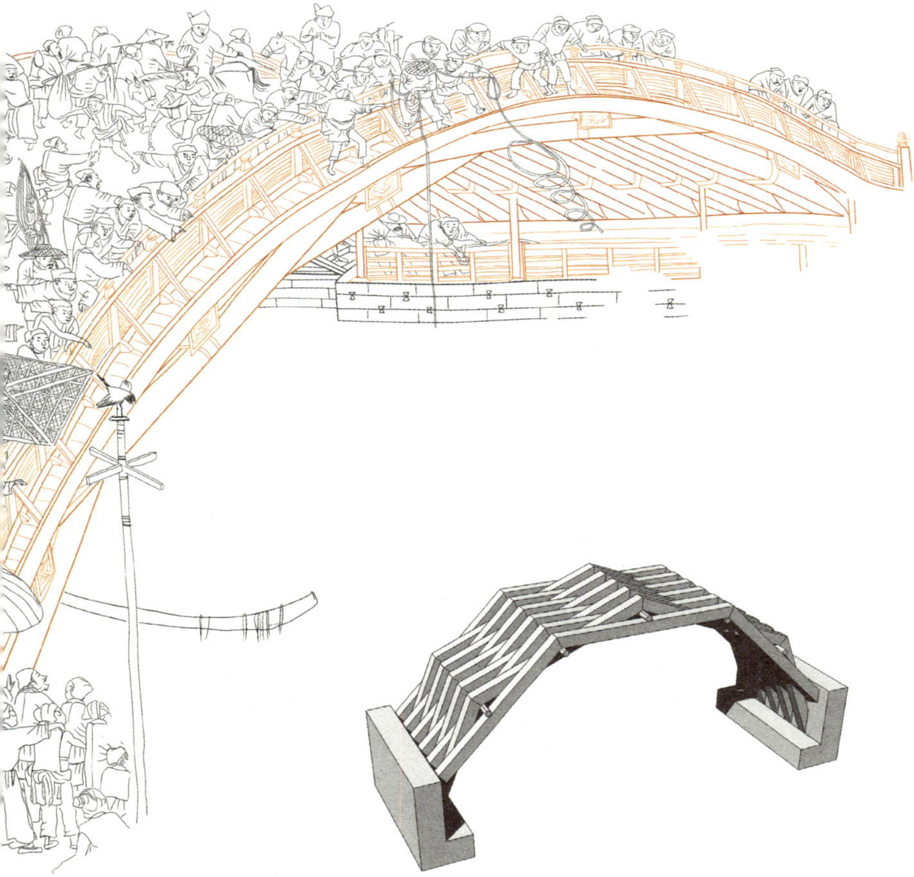

所示，均匀地将桥上所承受的压力分散到桥两端的石基之上。全部拱木髹上红漆起到装饰和防水防腐的作用，桥面铺设木板，再在木板上加填散土，夯实加固，与街道路面合为一体，成为一座中间没有支柱、坚固地插在河流两岸的飞桥。其形状远看像彩虹，故又称为虹飞桥、虹桥。自北宋庆历年间（1041—1048年）之后，这样中间没有支柱的虹飞桥在汴河上得到了普及。这是中国古代木桥建筑的奇观。可惜这种辉煌一时的飞桥没有实物保留下来，我们只能借助《清明上河图》中的图像来感受它们曾经的宏大。

虹桥上的商贩

虹桥处在大路通衢的核心地带，人来人往，是商家抢夺商机的最好地段。与以中心街和寺庙为中心发展起来的街市、庙市相同，宋代的汴梁和周边的草市也有很多围绕桥梁而发展起来的桥市。我们在《清明上河图》中虹桥周边看到的繁华与热闹，则正是这样一处位于汴河上的桥市。

一则来自《青琐高议遗补》的《吴大换名》故事，它发生的场景正好是汴河上的虹桥桥市，所以笔者将其转引下来：

“吴大者，卖鞋于虹飞桥。邻人王二叔以掌鞋为业，二人甚相得，王谓吴曰：‘我有女，君有儿，愿作亲家。’吴曰：‘诺。’既成亲，而王死。越明年，吴晚归，百余步见王自东而来，相见，屈

吴店饮。吴曰：‘亲家翁已死，何故相见？’王曰：‘虽死，以女子蒙君好看，某在阴府颇甚感激，今特来相见。某今职此桥，来日桥下死五十三人，亲家翁是一人之数，特为换其姓名矣。来日慎勿上此桥，记之。’出门不见。吴来日于桥侧俟至午后，桥坏打杀者果五十三人，岂不异哉。”（《宋元笔记小说大观》之《青琐高议遗补》，第1209页）

故事中的吴大常年在虹桥上卖鞋，邻摊的王二叔以掌鞋为生，两人关系融洽，从而结为儿女亲家。后来，王二叔死后，阴魂执掌虹桥。为了报答吴大厚待自己的女儿，他替吴大改名，从而躲过虹桥倒塌丧命的传奇故事。故事内容自然不可信，但故事内容的背后能为我们揭示一些史实，并能印证我们在《清明上河图》中所看到的图像：宋代的手工业和小商贩以虹桥作为经商营业的地点，他们的日常生活、社会交往，以及生死命运，均与这座虹桥紧密地联系在一起。

飲子

虹桥上下的『冲突』

虹桥是汴梁城外有着特殊意义的视觉符号，同样，它在《清明上河图》中成了画家苦心经营的“画眼”。如果“画眼”一词对于我们还有些生疏的话，则可以做这样的假设，全幅手卷就像一个向左右展开的舞台，处在“画眼”中的形象，就是站在舞台中心的主角，无疑它会获得更多关注的目光和灯光；如果将这张长五米多的画卷比作一篇文章，那么这一段就是整篇文章的高潮处，所以解读这段画面所呈现的内容，就成了历来研究者的着力点。

显然纯粹从绘画语言和技巧上来说，这一段也是画面中最生动的地方。

“船与桥欲相撞，象征着画中的社会矛盾到了高潮。”“在桥上还上演了一场闹剧，即坐轿的文官与骑马的武官互不相让，轿夫与马弁各仗其势，争吵不休……增添了更多的险情。”（余晖:《隐忧与曲谏——〈清明上河图〉解码录》）这是学者余晖对于虹桥上下所发生的情形的一种解读。他并进一步将这种我们在图像中观看到的“险情”

解读为“社会矛盾和冲突”的隐喻，并以此来达到向特定的图像观看者(他认为是宋徽宗)曲谏的目的，这是众多解读中最有代表的一种。我们先不论余晖先生将《清明上河图》归于宋徽宗时期作品的准确性，而可以做一些简单的分析，来看看它到底是繁荣景象下呈现的热闹，还是热闹景象下隐喻的冲突？

前面我们提到，虹桥的建造是为了针对汴河水流湍急常常冲废桥柱的现象而做出的改变。一方面，飞桥没有桥柱，不会受到汴河湍流以及河上浮冰等的冲击，而造成以往柱废桥塌的现象；另一方面，也方便了汴河上的船只的安全通行，避免了下行船只在水流湍急中失控与桥柱相撞，而上行的船只只要放倒活动的人字桅杆，借助樯橹的推力就能顺利通过桥梁。

首先，我们来分析一下虹桥下这艘正要通过的船只，以及它是否存在着与虹桥相撞的可能。我们在虹桥下所看到的这艘船只，是一艘超载的客货混装的客船。它的形制区别于我们在前面所说的专门用来在汴河上航行的漕船，根据规整的船窗板，以及一扇半启的窗板中露出的穿红衣裳女眷的形象推测，这是一艘运载官员及其家眷的客船。它吃水很深，超过了一般客船的吃水深度，应该在客船中还装载

了不少的货物。

这艘客船的船舷两侧用粗绳和铁链捆扎着十六块大木板。在另一艘已经通过虹桥停靠在岸边的游船上，我们能看到这样的大木板，这些木板是做什么用的？从仅有的文献资料中，我们可以做以下两种推测：一种可能是保护船只，南宋周密在《癸辛杂识续集》中记载海船时说，“凡海舟必别用大木板护其外，不然则

船身必为海蛆所触”。周密说的是在海上航行的海船，它和在内陆河中航行的河船会有所不同，所以并不能直接作为这些木板是用来保护船只的证据。而且，也不是所有在汴河上航行的船只都捆扎上这么多木板，并且这些厚木板是重叠双层捆扎的，这就超出了保护船只的本意。所以，另有一种可能是，这艘客船在载人之外加载了私货。另外，熙宁年间（1068—1077年）的进士张耒的《续明道杂志》中记载了一则牌税的笔记，“所谓牌者，皆大木板，每四片为一副，盖一棺之用也”。这与我们在图像中看到的一样，每四片捆扎在一起。他的笔记后面继续说明了，这种木牌多贩运自湖南连、辰、邵等州。这些地方多大山，木牌价格便宜，贩运者从这些地方贩运到真州等地，沿途征税虽重，但依然有利可图，那它们是否可能被贩运到汴梁呢？

按理说“百里不贩樵，千里不贩籴”，从湖南路等地到汴梁的路途超过千里，从生意的角度上讲是不合算的。但北宋时期，北方的森林被砍伐得十分严重，如沈括所说，“今齐鲁间松林尽矣，渐至太行、京西、江南，松山大半皆童矣”（沈括：《梦溪笔谈》卷二十四）。北方因大型木材的匮乏，不得不借助南部山区的供应，这也是商品流通的一种必然。

从舷板上站立的两个船家女性腰间所系像围裙一样的帷裳（用一幅布帛围在女性的腰身之下，是裳的一种原始形制），这与我们在图像中所看到的其他中原地区女性的外罩褙子的装束完全不同，即便与一艘已经靠岸的小木船中正在洗晒衣物的、同样生活在船上的女性的装束也不同。这种差异说明她们应该是来自与中原习俗有着较大不

同的边域之地。如果可以将这个图像作为证据，则这些大牌来自湖南路等边远地区的可能性就是完全存在的。

这些木牌是否像张耒的笔记中记载的那样，在贩运的过程中被层层征收了关税呢？这则很难从静态的图像中看出来。北宋时期，朝廷厚待官员，官员的船只在经过各个税场时是免检和免抽税的，所以一些商人会买通官员，答应负责其旅行的费用，而条件就是在其船上加载货品来逃避税赋，通过这样的方式来获取利润。虹桥下的这艘客船，我们在前面已经说过，它应该是艘载着官员家眷的客船。所以，无论是否有与商人合作，他们船上加载的货品，包括我们在舷板边看到的四幅大牌，都应该是免征关税的。在北宋当时的语境之中，图像的观看者一定是十分熟悉这种现象，并明白画家的用意，而我们今天的观看者则只能做各种猜测了。这些带有明显符号特征的船只即将达到京都汴梁，它到底是指示着某位重要官员的进京，还是朝廷厚待官员士大夫的一

种证明呢？不得而知。

但我们可以肯定的是，这艘船只不存在与虹桥相撞的可能。汴河引黄河、洛河之水通泗水，河流的落差大，水流湍急，“舟之重者，汴河日三十里”(《五代会要》卷十五)，重船在汴河上上行相当缓慢，船只必须依靠纤夫的拉纤才能航行；离开纤夫的牵引，则逆水行舟，不进则退。所以，这艘船在桅杆放倒之后，失去了纤夫的牵引，其实在水流湍急的汴水中会不进则退的。我们从图像中可以看到，船夫们正在努力地把竹篙插向河底，想以此来阻止船只的倒退和重新获得船只前进的动力，这种动力在湍流的作用下是微弱的。所以，这艘客船不存在撞上虹桥的动力，周围看热闹的人以及船上手忙脚乱的船夫，他们真正着急的反而是这艘船该如何顺利获得前进的动力来通过虹桥，而不被水流冲退回去。其实，只要再仔细观察一下图像，我们还可以发现另一个阻碍这艘船通过虹桥的障碍。从船头四个船夫招呼的手势，以及船舱顶棚上站着一老一少，她们的目光所及的方位，可以看到一只架在水面上的船橹，穿过虹桥，我们发现一艘已经落下船锚的货船正停靠在虹桥之下。正是它阻挡了客船通过虹桥的前方河道。这艘货船上的船夫似乎听到了后面客船的要求，正在急忙捞起停在水中的船锚。桥上左侧看热闹的人也正在努力地指挥着这艘货船赶紧为后面的客船腾出航道，这就是所有虹桥下热闹和矛盾的关键。在这里，笔者的语言远逊色于图像，高明的画家用画笔将图像观看者的心提了起来，同时他又巧妙地隐藏了矛盾的源头。

其次，关于文官武将在虹桥上争道的政治隐喻也是不存在的。根据宋代的礼制制度记载，宋代的文武百官多是骑马，很少坐轿。据王得臣《麈史》记载，本朝近年唯有文彦博和司马光两公因为老迈卧疾，才被恩准乘檐子(轿子)(王得臣:《麈史》卷上)。其余高官无论文臣武将都是骑马。作为宰相的王安石出行也是骑马，《宋史》中就记载过王安石骑马过宣德门没有下马，马夫被黄门所打的公案。在

《清明上河图》图像的前端，我们已经看到，官员骑马、女眷坐轿的一行队伍，这样的情形在后面的图像中还有多处出现。所以，可以肯定的是，虹桥上轿子中所坐的是一位女眷，她在虹桥上与骑马的官员相逢，这只是日常的一个生活场景，他们各自的引道人，一定能轻易地将这种矛盾化解，而不会上升到文官武将冲突的政治层面。

所以，我们更愿意相信自己的眼睛，和眼睛观看之后最直观的感受：桥市上的热闹就是市场繁荣下的热闹，虹桥下的远行而来的超载客船，或许在画家笔下另有深意，但到目前为止我们能理解的，也就是笔者上面所说的这些了。

脚店里的历史场景

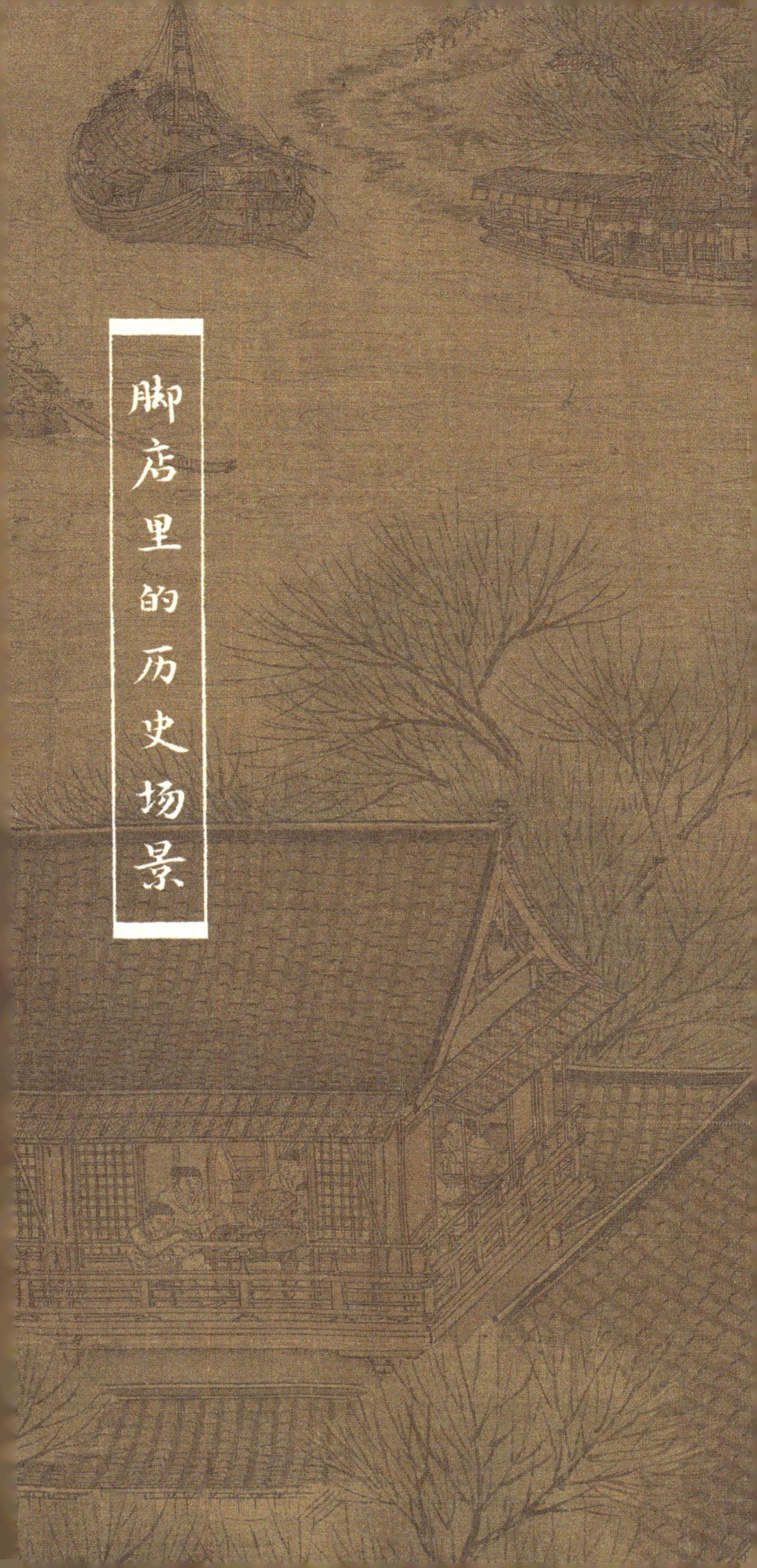

新酒

脚店

从虹桥上下来，正对着街口的是一家脚店，这家脚店的“彩楼欢门”气势非凡。木杆构架的结构复杂，多达数重，中下部还用红蓝两色的彩布包裹起来。在“欢门”的上端，一根横杆高高挑出，悬着一面“望旗”，上书“新酒”二字。檐下两侧分别挂着“天之”“美禄”的牌子，这应该是类似今天宣传灯箱一样的广告牌子。这两个词来自《汉书·食货志》：“酒者，天之美禄，帝王所以颐养天下，享祀祈福，扶衰养疾，百礼之会，非酒不行。”《汉书》对酒的功能的描述本身就成了最好的促销广告语，在后世的语境之中，“美禄”几乎成了酒的代名词。脚店大门的两侧有涂着红色油

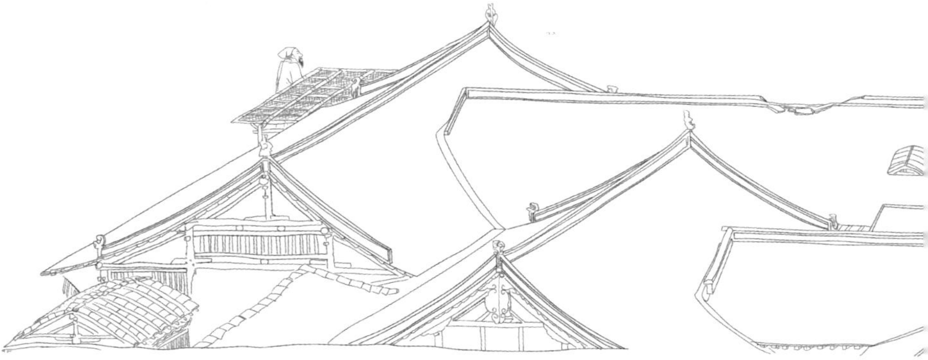

漆的围栏杈子，围栏内立着两个灯箱，两面分别写着“十千”“脚店”，这应该是脚店的名称——“十千脚店”。脚店大门的门楣上写着“□□稚酒”，写在门楣上的酒，应该是这家脚店的特色酒品。根据宋人朱翼中《北山酒经》记载可知，稚酒类似小酒——酿成即卖——稚酒的酿制用的是小酒的酒曲，但在酿制的过程中，加入了大量的中草药，应该是一种具有“扶衰养疾”功能的滋补酒。

这家脚店的规模不小，而且提供的饮食内容应该十分丰富，不同于前面的一些酒肆或者食店，或只提供小吃，或只提供酒水，服务内容单一。这家脚店除酒水、食品之外，还提供“外卖”业务，一个“外卖小哥”正一只手端着两个碗的食物，一只手拿着筷子步出店门，急急忙忙地给客人送过去。

进入脚店的大门，穿过大堂，之后有一栋双层的酒楼。在唐代，都城为了维持坊市制度和空间的私密性，规定民居、商用建筑均不得建筑两层以上的阁楼，并多次颁布严令来限制民间建

两层楼的行为，其出发点均是“不得造阁楼，临视人家”（《唐会要》卷三十一《杂录》）。唐代的汴梁，除了佛塔之外是绝少有高楼的。周世宗时期的汴梁，已经是“许京民居起楼阁”，主要是迫于汴梁商业的高速发展，人口密度的进一步增长，为了节约用地，不得不取消了“不得起楼阁”的禁令，但所建的楼阁也主要是在汴河沿岸一带的商业区。北宋延续了这样一个局面，在汴河两岸两层的楼阁毗邻而起，成为店家规模和实力的象征。店家为了招揽生意，纷纷在楼阁中开设雅间，以便招待尊贵的客人。这家脚店的规模不小，位置又好，临河二楼雅间里坐着两桌客人，店小二正在楼上楼下地忙碌着，为客人准备酒食。从客人的装束，以及他们手中所拿的罩着青囊的团扇——“便面”——可以推测他们的身份不同于在前面酒店中的那些客人。另外，店门外被拴在围栏杈子边的那匹点缀红缨的马，估计是他们其中某一位的坐骑，他的身份应是朝堂中的重臣或者三品之上的外任官员。其中一个留着须发的老者正依靠在栏杆上为某事担心和发愁，他旁边的儒者正站起来激动地手舞足蹈地说着什么，他俩对面的儒者手中拿着“便面”团扇像是在倾听，又像是在安慰发愁的老者。他们在城外十里的汴河草市中出现，一定是在为某位外放的官员饯行。临窗还可以看见汴河对岸被酒肆差点儿遮挡住了的长亭。“十里长亭闻鼓角，一川秀色明花柳。”（北宋·苏轼：《送孔郎中赴陕郊》）长亭在此时只是北宋汴梁文人们诗词中的一个送别符号，而真正历史上的汴河送别的场景已被高度发达的商业请进了酒店阁楼的雅间之中。

宋神宗时期对待反对变法的保守派，并不像后世渲染得那样属于严酷的“党阀之争”，至少在这一时期还不是如此。宋神宗坚持着“异论相搅”的家法，保守派和变法派既同台执政，也相互牵制。例如，遇事就跳起来与变法派为敌的文彦博依旧掌握着军事大权，稳坐在枢密使的位置上；富弼的女婿冯京，这个一直暗中给王安石使绊子、阻碍变法的状元郎，也一直从御史做到了神宗朝的副宰相。司马光则是因他本人与王安石势不两立，而主动提出回洛阳去写史书的。那些因反对变法求外放的众臣也多是体面地离开了朝堂的权力中心，有“三朝贤相”美誉的韩琦授为淮南节度使，判相州，“富贵归故乡”，风风光光地在自己的家乡相州做父母官；富弼出判亳州，因拒不执行“青苗法”，后才以司空、韩国公的高规格致仕，退居洛阳养老。苏轼最初反对变法，也不过是外放在杭州任通判和到密州任知州。后来的“乌台诗案”，则是他在湖州知州任上有过激的言论，宋神宗认为这是对他的人身攻击，才贬苏轼去黄州做一个无所事事的团练副使。

或许那些与《清明上河图》图像相关的观看者，他们还能从这个图像的场景中识别出这次脚店的饯行是在送别哪位官员和在场的人是谁。

即便是这样一个装饰堂皇，处在桥市通衢要道，生意兴隆，而且受到士大夫、官僚、贵族喜爱的酒楼，依然是一个脚店。脚店是相对于正店而言的。正店是获得官府许可用官制的“酒曲”酿酒的店家，它们同时可以将酒批发和分销给一些没有获得特许酿酒权力的脚店或小酒肆，《清明上河图》中的这家“十千脚店”正是这样一家分销商，它需要从正店买酒，然后再销售给消费者。它反映了北宋时期严格的榷酒制度，即酒的专卖。

自汉武帝一度施行榷酤的法定制度，酒利就像盐、茶、矾等一样由国家垄断。宋代的榷酒制度，大体上继承了隋唐五代的法令，颁布了严格的榷酒禁令，酒曲、酒不许私自制造。例如，建隆二年（961年）的诏令，“百姓私曲十五斤者死，酝酒入城市者三斗死，不及者等第罪之”。不但卖者有罪，购买者也有罪，获私卖者之罪的一半，并鼓励知情者告发，“告捕者等第赏之”（《宋会要辑稿·食货》二〇之一）。“民敢持私酒入京城五十里，西京及诸州城二十里者，至五斗死。”（《续资治通鉴长编》卷三）从后面这条禁令中可以得知，我们在《清明上河图》中所看到的全部酒肆、酒楼所卖的酒都在官控之列，不存私卖私酒的可能。

宋代具体的榷酒制度比较复杂，因地域不同和时期不同，政策也不同。我们具体说说京师汴梁及周边的榷酒制度，以及“熙宁变法”前后这种制度的变化。在“熙宁变法”之前，官榷主要有两种形式，一是政府严格控制酒曲，设立都曲院，供给京城的酒户。这些酒户在得到政府供给的酒曲之后，自己雇人酿酒，也同时开店沽卖，成为第一手的批发商，他们往往都是与权贵，甚至与有姻亲关系的兼并大商人或者大地主有来往。一些没有得到酒曲的小酒楼，依附在这些所谓的正店之下成为它们的脚店，分销正店酿造出来的酒。政府通过控制酒曲，靠销售酒曲来获取利润，这是其中的第一个途径。二是实行“买扑”制度。“买扑”制度实际上是一种酒税承包制度，即由私人承包特定区域的酒税。酒税的数量由官府规定，酒户自愿承担，然后该酒户就享有该地区的酿酒专卖权，并发展自己的分销渠道，来获取丰厚的利润，如史料记载，开封府界“诸县酒务，为豪民买扑，坐取厚利”（《宋会要辑稿·食货》二〇之六）。

宋神宗熙宁年间（1068—1077年），随着新法的颁布，旧有的榷酒制度也做了相应的改变，一方面是加强官榷的管理力度，针对京师汴梁的改革措施之一就是，减少都曲院的酒曲生产，并抬高价格；另一方面是改变以前的“买扑”制度，改为“实封投状制”，所谓的“实封投状制”，类似今天的合同投标制，区域内的酿酒专卖权通过竞标给出价最高的酒户。这样的两个措施促进了宋神宗时期政府的酒税增长。据熙宁十年（1077年）的酒税统计，该年全国酒税收入一千三百一十万七千四百一十一贯，占当年货币税收的25.9%；而宋初酒税的收入只有一百八十五万贯，占当时货币税收的10%。其中，熙宁十年（1077年）仅京师汴梁的酒税收入就达四十万贯，约等于汴梁商业税的收入。

这些具体的统计数据依然过于抽象，尤其对于后宫之主们来说，远没有图像直观、更能说明问题。《清明上河图》所描绘的草市，近百家店铺，除少数几家点缀在酒肆、酒楼间的纸马店、锦疋店、医药诊所、邸店、解店外，其余绝大多数店铺都是挂着“望旗”，经营官榷专卖的酒楼和酒肆，这种盛况一定是超过了“熙宁变法”之前的任何时期。我们今天的观看者，在图像中发现了酒肆、酒楼在汴梁城外的草市中如此之多，或许会得出北宋人好饮酒的习俗这样的观点，而在当时的观看者看来，这些酒肆、酒楼就是一笔不少的收入，所以画家才会不厌其烦地将它们描绘在自己的画作之中。

不差钱的神宗朝

脚店店门的左前停靠着一辆串车，两个脚夫装束的人双手捧着一串串的物品，正在往车上装载，另一个人正认真地数点他们手中的货物。仔细观看图像，从所绘货物的形状来看，应是一串串的铜钱。虽然宋代的金银在货币流通领域有了较大幅度的增长，同时还出现了交子、会子这样的纸币，但铜钱依然是主要的流通货币，宋仁宗时期的李觏说："金银其价重大，不适小用，惟泉布之作，百王不易之道也。"（李觏：《直讲李先生文集》卷十六）这说出了铜钱作为货币在当时社会中的重要性。

笔者按照流传下来的北宋铜钱"熙宁元宝"实测，每枚的厚度在1.5毫米左右，如果是一千枚这种铜钱串起来，它的长度应该在1.5米以上。显然，我们在图像中看到的钱串没有这个长度。根据捧钱人两手手臂张开的宽度目测，应该在80～100厘米，所以可以肯定，捧钱人手中的钱串并没有达到每贯一千文的数量，应该在五百文到七百多文之间。根据五代十国至北宋时期计算钱陌的习惯，官府使用时常常将七十七钱作为百钱来计算，而街市通用是以七十五钱为陌。不同的行市又各有长短不一的计算方法，如买卖鱼肉、蔬菜等以七十二钱为陌；买卖雇佣奴婢以六十八钱为陌；文字类交易则更少，以五十六钱为陌（孟元老：《东京梦华录》卷三）。我们在《清明上河图》中看到的图像，如实地印证了北宋街市通用的一串钱不足一千文的史实。

两个捧钱人手中都有六串铜钱，以每串六百八十枚计算，合计四千枚左右，加上串车上已经码放好的铜钱，一共约在二万四千枚。如果我们继续根据《清明上河图》中提供的信息计算下去，我们来看看这些钱的购买力。图像后面的孙羊正店的肉铺有一块招牌，显示了羊肉每斤的价格为六十文钱，那么这些钱可以购买约四百斤羊肉；如果每头羊按净肉十斤（北宋一斤合六百八十克）计算，应该可以购买四十只羊。因为宋代的物价没有办法和今天的市场进行对应比较，所以我们还看不出这一车钱在北宋是怎样的一个概念。我们可以拿宋神宗时期汴梁雇工的工资来做一个比较，根据《宋文鉴》记载，苏轼给宋神宗上书中提到，“三日之雇，其直三百”。可知汴梁雇佣工人的一天工资为一百文，这一车钱差不多是一个雇工八个月的工资，所以这算不得是一笔巨款。它很有可能只是脚店日常一天的收入，又可能是它从某个正店购买一批稚酒的货款。画家将它呈现在《清明上河图》图像的高潮的中心，是否有意将它作为一个有所指向的符号来说明什么？笔者没有太多的证据，不能妄下定论。

但这个图像的出现，让笔者联想起了北宋时期的一个重要史实：不差钱的神宗朝却常常闹“钱荒”。宋神宗元丰年间（1078—

1085年）的铜钱铸造数量是整个宋代铸造铜钱的最高点。北宋一朝的铸钱业从建国之初就不断地增长和发展，到宋神宗元丰年间（1078—1085年）到达了顶峰。以铜钱为例，北宋初年的铜钱铸造每年为八十五万贯，到宋神宗时期的元丰三年（1080年）达到五百零六万贯，增长的倍数高达6.3（漆侠：《宋代经济史》）。如果将这个数与唐代的铸钱数来比较，即便是唐玄宗天宝年间（742—756年）铸钱的三十一万九千缗，也高出15倍。铜钱铸造成倍数增长的原因，在没有出现货币贬值的情况下，除去一些非流通因素，如一些富家将货币贮藏起来，或者投机商将铜钱熔化来制作器物获利，而退出了流通领域；以及对外贸易流至海外诸国，实则是出于国家财政上的需要，以及与社会总供给和社会总消费的整体增强相关。

即便是这样成倍数地铸造铜钱，“钱荒”这个词在神宗朝还是不断地出现在大臣们的奏章之中，如《宋史》记载，张方平称：“比年公私上下并苦乏钱，百货不通，人情窘迫，谓之钱荒。不知岁所铸钱，今将安在。”（《宋史》卷一百八零）“钱荒”是一个什么样的概念呢？就是大家一觉起来，到市场上一看，财富和货品还在，但无一文钱可以交易了——钱都被朝廷存在仓库里、富家贮存在自家的地窖中，外邦也专门收集北宋的铜钱用作各种用途，甚至还有些铜钱被投机商熔化了制作成高利的器物——更别说用串车拉着一车的铜钱出现在桥市中了。不管画家是否别有用意地要呈现这样一个场景，显然这对于图像的观看者来说，在图像中看到这一车的铜钱后，也会从“钱荒”的焦虑中走出来，宽心不少，或许当时社会中的“钱荒”并没有保守派说得那么严重。

算卦

继续朝前走，在一棵满身树瘿的老柳树下，有一个用竹席、竹竿搭建的算命卦摊，算命先生用一根绳子在竹棚的檐下挂着三块布条，上面分别书写着“神课”“看命”“决疑”。我们可以看出，看相算命已成为东京汴梁的一个“热门行业”。这一风气的盛行，要归功于北宋的第三位皇帝宋真宗，他是一位虔诚的道教信徒。他在全国大力提倡建立道观、信奉天师，弄得大宋王朝劳民伤财，从而使谈天命、说玄理的道士、术士在城郭乡间大行其道。活跃在东京汴梁城内的看相算命的道士、术士，根据王安石的估算多达三四万人。如果按照当时汴梁的人口总数来估算，每一百

人中就有两三个算命先生。他们主要集中在内城的大相国寺附近。显然，活跃在京城十数里之外，草市中的算命先生并没有当时汴梁城内分布得那么高密度。除了我们在画的前端见到一个拄着幡子的算命先生外，就是这棵老柳树下的算命卦摊，他们都是方巾布袍，典型的术士形象。在草市的中心十字街口，我们还可以看到两位束发道冠、身着道袍的道士，他们的装束与术士有着较明显的区别，也反映出他们职业性质的差异。

卦摊的侧面有一座小型的拱形土木桥，木桥正对着一个有朱红色大门的院落：朱门上点缀的乳钉，张贴的布告，以及土墙上插着的竹扦，说明这是一个官府的衙署。院内，一匹马由人牵引着卧在台阶下休息，旁边的粮草堆放整齐；院外，八个役卒将自己的枪矛，以及仪仗用的旗帜和伞盖倚靠在围墙上，他们自己或躺或坐地正在休息。其中，一个靠近大门门柱的役卒手中正端着一个食盆，食盆中有一条烹饪好的鱼；在他的身后的一个役卒倚靠在土墙下，正仔细地缝补着自己的衣物。画家在方寸之间用高明的技巧生动地描绘了一组历史场景。

这个场景以往的解读是：这些慵懒疲惫的官兵显示着北宋

汴梁城防的松懈，预示着国家危机的降临。在笔者看来，这又是一个一直以来被误读的场景。如果我们将这个历史的场景安放在宋神宗时期汴梁城外的草市里，我们就会发现这些解读的错误。北宋的城防是由禁军担任，他们驻扎在汴梁城内外各个建制的军营之中；在汴梁十数里之外的草市里，最有可能存在的衙署是负责治安的巡捕屋，属下的兵卒由招募的乡兵或役卒(弓手、壮丁)构成。

为了了解图像背后画家所隐藏的意义，我们有必要先介绍一下宋代的差役法和王安石颁布“免役法”的背景。

在封建制的国家中，有土地的民户除向官方定期缴纳税赋之外，还需要免费为封建王朝提供劳动力服务；除兵役之外，还有定期轮换和临时抽调的劳役。听候官府的差遣来为王朝出物出力，常称为差役，如营造建筑工事、开挖河道、修筑水利等这些工程的劳动力都需要从民户中按人头轮流承担。在宋代之前的唐代，甚至在遍布全国的驿站也需要民户来承担差役，被抽调的民户自家出钱出力负责为路过的官员和使者供应食宿，并负责将需要传递的信件或物质送达下一个驿站。

宋代的差役“近承隋唐、远绍魏晋”(漆侠:《宋代经济史》，第452页)，大体上因循旧制。底层出身的开国皇帝宋太祖也深知劳役对于社会底层人民的负担，于是在建国之初，就在禁军之外特意设立厢军，一个重要的目的是减轻民户的差役，一些职役由拿饷的厢军来承担。例如，除驿站中的厨务等杂役虽然还需要民户来轮流负责外，但是最重要的传递业务则由专职的厢军来承担。

即便如此，宋代的差役跟前朝相比并没有减轻农民的负担。

这是由于宋代是一个高度中央集权的朝代，国家机构设置得过于臃肿，例行的公事繁杂，各级政府不得不征用有能力的地主和富裕农民来充当低级小吏和各色杂役人员——称之为职役，从而职役成为一种新的差役形式——宋代的职役十分繁重，“熙宁变法”前全国职役总人数达五十三万六千余人（刘安世：《尽言集》卷十一），这无疑是压在民户身上的一个沉重的负担，许多民户被职役逼迫，弃卖田业，甚至杀身卖子，走向家破人亡的绝境。

宋代的职役名目繁多。根据《宋史》对于宋代差役的叙述，我们可以粗略地将宋代的差役根据他们的职责内容分为五类（《宋史·食货上五》卷一百七十七）——在实际操作中，宋代的差役派遣远比这些分类复杂：

衙前——主官物，负责运送官物或者看管官府粮仓，或管理州郡长官的厨房等；

里正、户长、乡书手——课督赋税；

耆长、弓手、壮丁——逐捕盗贼；

承符、人力、手力、散从官——奔走驱使；

另有一类是在县曹司、州曹司中服役的小吏和杂役，如押司、孔目等。

北宋朝廷分派差役，主要根据民户的财力和能力来分派。为了便于管理，朝廷将生活在乡村的民户根据有无土地生产资料而分为主户和客户，其中农户中的主户又根据土地面积和所纳税钱的多寡分为五等（以下分类参照漆侠《宋代经济史》中的所提供的数据）：

一等户：大地主，土地在四百亩以上者；

二等户：中等地主，土地在一百五十亩至四百亩之间者；

三等户：小地主，土地在一百亩至一百五十亩之间，税钱在一贯以上者；

四等户：自耕农，税钱在一贯以下、五百文以上，占地三五十亩者；

五等户：半自耕农，占地三十亩以下，税钱在五百文以下者；

客户：没有自己的土地的佃户和农奴等，是农户中的最底层。

朝廷原则上规定第一等户轮值衙前、里正；第二等户轮值户长、乡书手、耆长等；弓手、壮丁则由第三、四等户承担；承符、人力、手力、散从官大都由第四、五等户承担；下五等户则一律免

役。但在实际操作中，往往会出现一些人为的改变，比如衙前役，主持管、押官物的差事，原来规定是由有相当财力的一等户来承担，但一等户作为兼并大地主，他们有能力勾结权贵来规避差役，职役就落到二、三等户，即中、小地主和富裕农民的身上，从而造成了这个社会中层的重负。一旦在管理官物的时候出现差错，如官物出现偷盗和亏空，都需要他们自己来填补亏空，这样下来，往往主管一次官物，就会造成中下层地主或富裕农民倾家荡产。对于弓手、壮丁这样由第四、五等户承担的差役，由于在应役期间没有月银和口粮，全部花费皆要靠自己家庭供给，而应役期又较长，在3到7年不等，同样成为乡村中下层农民的沉重负担。农户谈差役而色变，发生了纷纷逃避差役的现象。有些农户为了减低等级，故意将自己的财产隐藏在官户或者兼并大地主的名下，自己做一个佃农；有些农户为了减少家庭的人口数量，发生了老父上吊自杀，祖母出嫁的人生惨剧……这样的差役法严重影响了宋代农民的生产积极性，以及整个北宋农业经济的发展。

这是宋神宗“熙宁变法”之前的北宋差役法的情形。熙宁二年（1069年），王安石针对时弊变旧有的差役法为“免役法”。

“免役法”的条款较多，而且十分具体和详细，仔细研读这些细则，可以概括这么几条根本性的改变：一是减少各级政府对于农户的征用数量，一些职责被剔除出职役的范围，改由厢军来承担——历史数据显示，宋神宗时期是宋代使用役人最少的时期；二是变轮值的差役为募役，即以前需要承担差役的农户可以出钱（“免役钱”）来代役，政府再用这些钱来招募人服役，这样服役的人就有了一定的禄钱；三是以前一些官户、女户、单丁户、僧道户和坊郭户中的上五等户都是免差役的，现在一律按照其财产的多少减半出钱，称为“助役钱”。

在农业生产力相对低下的宋代，农户中的劳动力是农业生产的一个决定性因素，农户留在自己的土地上耕种生产跟被抽调

去服差役相比，虽然要缴纳税赋之外的“免役钱”，但破产的风险降低了很多。而那些拿着禄钱的受雇代役人，一般多是闲散的或者失去土地的劳动力，政府也为他们提供了一个生存的机会。

这样新的“免役法”相对于旧有的因袭前朝的差役法显然是进步的——但它命运多舛，元祐旧党，即变法反对派执政后就废弃了“免役法”。虽然之后新党复政，“免役法”得以恢复，但已然不是王安石时期的“免役法”内容，遗留下来的旧差役法所存在的问题和弊端，一直要等到明代张居正的“一条鞭法”和清初的“摊丁入亩”政策才得到真正的解决——这样进步的新法依然受到了司马光、苏轼等变法反对派的攻击，因为他们正是代表了仕宦、兼并大地主的利益，“免役法”触犯了他们的利益。以前，这些阶层是免劳役或者他们可以设法逃避劳役，而现在需要根据自己的资产来缴纳“助役钱”，实际上劳役是通过变相的形式加载在他们头上。

当然他们不便直接地针对“助役钱”，而是向皇上递折子，找

不痛快——因为宋神宗曾直接向王安石询问过向官户收取的“助役钱”是不是太少——他们却是从另一个角度切入来质疑“免役法”。司马光在熙宁三年（1070年）的上书中说：“自古以来，徭役皆出于民，今一旦变之，未见其利也。且受雇者皆浮浪之人，使之主守官物则必侵盗，使之干集公事则必为奸，事发则挺身逃亡，无有田宅宗族之累。”（司马光：《司马温公集》卷四十二）苏辙反对“免役法”的理由也如出一辙，并没有什么新花样：“役人之不可不用乡户，犹官吏之不可不用士人也，有田以为生，故无逃亡之忧；朴鲁而少诈，故无欺谩之患。今乃舍此不用，而用浮浪不根之人，辙恐掌财者必有盗用之奸，捕盗者必有窜逸之弊。”（苏辙：《栾城集》卷三十五）

从司马光和苏辙的文字中，我们可以看到这些受雇的役卒，均被贴上了“浮浪”的标签。在张择端所绘制的图像资料中，似乎也显示了他们的“身份”，从他们或躺或卧，或倚或坐的闲散姿态中，或许他们真的是画中所绘的八百多个北宋人中最“浮浪”的一群，画家用自己的画笔为观看者描绘了一个“真实”的历史场景。

这样的场景显然符合变法反对派对于“免役法”攻击的事实，如果说《清明上河图》的创作是受到了变法派的委托的话，这样的场景是否应该被摒弃掉呢？或者说，画家在闲散形象之外，还想向图画的观看者展示另一层意义呢？

我们可以做进一步的思考，画家并没有否认受雇的代役人存在“浮浪”的一面，因为这是那些失业和失地的劳动者的本来生命状态，这一点画家没有在图像的观看者面前隐瞒，或者加以粉饰，而是真实地表现出来。在图画中，画家用特征鲜明的形象指明了他们的身份，以区别那些原本应该来自第四、五等农户的朴素农民。画家还将图像的指示意义深入到另一层：农户的“不在场”，是因为“助役之法，要使农夫专力于耕”。土地中生产出足够的粮食才是“富国强兵”这一变法初衷的根本目标。从王安石熙宁元年（1068年）上奏宋神宗的《本朝百年无事札子》中“农民坏于徭役，而未尝特见救恤”（王安石：《临川文集》卷四十一）的论述，也可以看出他要改变旧的差役法的一个直接出发点，就是要救恤农民，实现他和宋神宗“富国强兵”的目标。

图像没有掩饰什么，却真实地说明了绘画创作委托人想要说的道理，这是画家高明的地方。这也进一步说明，《清明上河图》本身并不是一张普通的风俗画，它背后的政治意味远远超过了我们以往解读者的想象。

妓女香

在鼓楼门洞的前面，我们看到一位骑毛驴的年轻女子，她的头上戴着帷帽，全身罩着一件白色的长裙，不同于《清明上河图》中其他京师汴梁女子的常见装扮：上身最外层罩着宽松的、开襟的褙子，下身宽袴。她随行的还有两个脚夫，一个帮助她牵引着毛驴，另一个在后面担着满满的行李，应该是要远足的样子。从她的装扮和所配的脚夫来看，应该不是贫苦的人。但如果是有地位的富家女子，她们出门则应该乘坐我们在图中所看到的女眷所乘的檐子，即两人抬的轿子，或者是牛车。全画中，除了她之外，还有一位骑驴的女性，她在画面的前端，是一个老妪。但她的衣着是上衣下裳，能看清楚她下身所穿的宽袴。这么多特殊的

地方，让我们不得不怀疑这个女子的身份。或许这两则宋人的笔记，可以为我们提供一些线索：

司马光在河东并州（今太原）发现当地“妇女不服宽袴与襜，制旋裙必前后开胯，以便骑驴。其风始于都下妓女，而士夫家反慕效之，曾不知耻辱如此”。（江休复：《嘉祐杂志》卷上）

记载了宋徽宗时期汴梁盛况的《东京梦华录》写道：“……妓女旧日多乘驴，宣、政间惟乘马，披凉衫，将盖头背繫冠子上，少年狎客，往往随后，亦跨马轻衫小帽……”

孟元老告诉我们，在宋徽宗时期之前，北宋各时期的京师

妓女多骑驴出行，图中这个骑驴女子所着的服装又同于司马光所说的京师妓女的服装，而且她独自一人行在京师十数里之外的草市中，那么我们是否可以推断她的身份是妓女呢？如果她是一个妓女，画家反而将她安放在画面中较显眼的位置，是因为画家并没有想掩盖什么，画中记录了神宗年间汴梁城外清明坊草市的“历史现场的真实”。如果是这样的话，我们就可以断定画家所绘的《清明上河图》并不是像有些研究者所说的那样——“《清明上河图》要描绘的是一个没有乞丐、没有妓女、无病人、无污染的理想社会”。

驼队是否是胡商

骆驼是一个容易辨别的地域性符号。一看到骆驼，我们一般会联想到西部的沙漠和荒原，以及从西域过来、活跃在长安城的胡商，这是我们现代人的感知和对于历史的记忆，那么北宋人呢？

活跃在北宋中后期的重要山水画家韩拙，在其理论著作《山水纯全集》中说："山有四方，体貌、景物各异……北山宜用盘车、骆驼、樵人、背负之类，南山宜江村、渔市、水邦、山阁之类。但加稻田渔乐，勿用车盘骆驼，要知南北之风，故不同尔，深宜分别。"可以看出，在北宋人的眼中，画中的骆驼同样是一个重要的地域性指示符号，用来标识北方。《清明上河图》所绘的汴梁属于中原腹地，我们在望火楼的门洞中所看到的驼队，指示着它是从北方而来的队伍，但他们是否一定是胡商，现在还不能确认。

北宋朝廷在一定程度上是鼓励边贸发展的，尤其是对于东南边域的海上贸易，采取的是一种半监管的自由发展态度，所制定的市舶法等法规，其出发点也是加强对海外贸易的控制，增加税收。而对于西北边贸，却是另一种状态，一方面，由于西部边界受到西夏党项族和辽国契丹的封锁，以前汉唐的丝绸之路早已被隔绝了，西域的胡人被阻隔在北宋的西北疆域之外；另一方面，北宋与西夏、辽国契丹的疆域之争，使得双方的边贸往来受到双方政治外交关系的左右。当朝廷与西夏、辽国关系紧张的时候，锁闭关隘，严禁贸易交流；当边境局势缓和时，双方同意在边境开展贸易，但这种贸易也是有局限的。朝廷在边境设置了榷场，并委派官员进行监管，对于贸易交流的货品有着严格的监控，禁止战略物资的外流，就连书籍也有着具体的规定，如除《九经疏》之外的书籍是严禁出口给西北方的西夏和契丹的（《宋史》卷一百八十六）。在这样一种双方提防的心态下，是不可能出现大唐时期那种相对自由的对外贸易的，也就不可能在京师汴梁的城内和周边的草市出现一支胡商队伍。所以，我们在《清明上河图》中看到的鼓楼门洞下的骆驼队伍，绝不可能是一支胡商的贸易队伍。

来到汴梁的外国人最有可能的是各个朝廷的使节，他们会带来自己的特色商品，上贡朝

廷，并以此交换来进行贸易。但从图像中，我们并不确定这是一支使节的队伍，他们不但没有使节的仪仗，而且出现在汴梁城东的草市中的概率也不会太大。

只有一种可能，就是本地的出行队伍，他们借助骆驼的长途运载能力来运载货物。北宋笔记《倦游杂录》记载了宋真宗天禧时期（1017—1021年）有个武官赴任齐州北境用十数头骆驼载运行李并路途遇虎的故事，说明北宋时期中原境内也存在着骆驼，并以此来作为长途运载工具。所以，骆驼在北宋的绘画中作为一种符号，可能并不具有指称胡商这个功能。

骆驼除了在北路各州府饲养之外，很大程度来自边贸。早在宋真宗的景德年间（1004—1007年）就有朝廷在保安军设置榷场，用绢帛与西夏交易骆驼、马匹、牛羊等战略物资的记载（《宋史》卷一百八十六）。熙宁年间（1068—1077年），王韶带领宋军在熙河开边二千余里，收复熙、河、洮、岷、宕、亹等州，此后朝廷在西部各州陆续设置了多处市易司、榷场，扩大西部边贸，加强驼马等战略物资的买卖。我们在清明坊的草市中，看到这样一支骆驼队伍，是否同我们在图画中所看到的马匹一样呢？它们背后是否就直接指向某种"富国强兵"的政策？如果这么说，还是有些牵强。但对于图像观看者而言，尤其是对那些反对变法和怀疑变法的人来说，在图像中看到汴梁城外附近出现这样一支"浩瀚"的驼队，一定会在自己的特定的语境中产生一种新的联想和认识。

高大上的望火楼

驼队正在穿过的门楼是一座望火楼。室内架设着一面大鼓，通过图像我们还可以看见室内墙上悬挂的字画条幅，以及地面上铺设的地毡。室外的廊下，一个人正倚靠在栏杆上，向下卓望。

这座被绝大多数研究者误以为是内城或者外城上的城门楼的门楼，其实在图像中的真实身份是一座望火楼。这样高规格的望火楼，超出了以往研究者的想象，在他们的心目中，被毁弃在田畦边的长亭才是望火楼。在笔者看来，草市中的望火楼之前身，应该是从南北朝时期就在村镇草市中保留下来的鼓楼。北宋人孔平仲在《孔氏谈苑》中记载了村镇草市设置鼓楼的历史源流，“齐（实为北魏延兴五年，公元475年）李崇为兖州刺史，州有劫道，崇乃村置一楼，楼悬一鼓。盗发之处，槌鼓乱击，诸村如闻者，槌鼓一通；次闻者，复挝以为节，俄顷之间，声布百里，伏其险要，无不擒

获。诸村置鼓楼，自此始也。”（孔平仲:《孔氏谈苑》卷五）在唐宋之前的南北朝时期，地方官为了便于抓捕进村袭击百姓的劫匪，在每一个村镇中都设置了一座鼓楼，一旦发现劫匪，村民就以击鼓为号，并以鼓声的数量和节奏来告知临近的村镇居民有关劫匪的信息，便于合力拦堵围捕。这样的一个前朝准军事设施，被宋人重新利用作为了望火楼。这样的望火楼，估计要比汴梁城内“高处砖砌”的望火楼要高大上不少，所以这也是后来研究者在研读宋人关于汴梁城内的望火楼文献之后，而不能理解《清明上河图》中望火楼的原因。

宋人将村镇中的准军事设施改成望火楼，可见宋人对于村镇、草市防火的重视。宋人确实不得不将日常的防火作为一个重要的市政工作。有资料统计，在两宋三百多年的时间里，光是大型火灾就发生了两百多次，而且主要集中在京城及各州县镇人口密集区，其中以东京汴梁这样的大城市最为严重。据《宋史》记载，宋太祖建隆三年（962年）正月，开封府通许镇市民家起火，烧庐舍三百四十余区。五月，东京汴梁大相国寺起火，烧房舍数百区。仅仅相隔几月，都城之内就发生了两起如此大规模的火灾。皇上的酿酒坊发生火灾，直接烧死了五十多名工匠，这还是发生在皇宫内廷中的事情。

其实，火神这么“眷顾”宋朝当然是有原因的。入宋以后，随着城市内的坊市制度和宵禁被废除，市民纷纷临街而居，开铺营商，城市经济快速发展，城市人口密度逐渐增加。再加上城市繁华地段，多有富人大姓置办邸舍、开设商铺，“侵街”行为严重，

这便使得本就不够宽裕的城市空间更加拥挤。密集的屋舍、狭窄的街巷、喧嚣的闹市，再加上中国传统的建筑主要是木质结构，最大的隐患自然就是火灾了。另外，由于火药的发展，宋朝的烟花制造业异常繁荣，烟花表演成了市民们喜闻乐见的娱乐节目。在此种情况下，无疑助推了火灾的频繁发生。

频繁发生的火灾，让北宋朝廷逐渐意识到建立完善消防制度的必要。宋仁宗时期（1023年），降旨挑选精干的厢军组建专门的消防队伍“军巡铺”。军巡铺的职责既在防火，又在灭火，每一个兵卒都要经过严格训练才能上岗。发展到《东京梦华录》所载的宋徽宗时期，京师汴梁城内的军巡铺的设置已经十分规范：

“每坊巷三百步许，有军巡铺屋一所，铺兵五人，夜间巡警，收领公事。又于高处砖砌望火楼，楼上有人卓望。下有官屋数间，屯驻军兵百余人，及有救火家事，谓如大小桶、洒子、麻搭、斧锯、梯子、火叉、大索、铁猫儿之类。每遇有遗火去处，则有马军奔报。军厢主马步军、殿前三衙、开封府各领军级扑灭，不劳百姓。”（孟元老:《东京梦华录》卷三）

回到《清明上河图》的图像中，我们沿着望火楼上卓望人的视线，看到了宋神宗时期汴梁城外草市中的军巡铺屋。它就在望火楼的下面，孙羊正店侧面的一个侧厢房内，规模显然小于汴梁城内的军巡铺屋，但其设置同样十分健全。军巡铺屋内有三个兵卒，正在利用空暇进行体力训练，一个兵卒正在脱掉上身的衣褂系在腰间；中间的兵卒下蹲马步，正努力拉开一张大弓进行臂力练习；另一个兵卒正在往手上缠上绷带，准备开始自己的热身训练。在他们的身前身后，整齐地码放着灭火用的大小木水桶，墙上倚靠着扑火用的麻搭。

与以往研究者的解读完全不同，图像中的兵卒不存在着懈怠，以及贩卖军酒的情况（余晖:《隐忧与曲谏——〈清明上河图〉解码录》）。军巡铺屋内完备的设施，以及三个兵卒的精神面貌，给观看者的感觉是他们正严正以待，定能不辜负朝廷给予的使命——这或许正是北宋朝廷中的图像观看者们所期待的。

北宋的税务所

望火楼的两侧被松散的泥土垒成一道土墙，它一直延伸到汴河岸边，与孤立的望火楼形成了一个封闭的出入口。要进入街市的商旅，或者要从陆路进京师汴梁的商旅必须要通过望火楼下的门洞，这自然成了一个对商旅课税的绝佳地段。在军巡铺屋和望火楼中间是一间税务所。

北宋朝廷收入的一个重要来源是商业税。为了获取征收商税的便利，政府建立了一个层层密密的征收网络，从汴梁以及到地方的草市村市，都设立了都税务、商税院、商税务等，“凡州县皆置务，关镇亦或有之”（《宋史》卷一百八十六）。据不完全统计，全国的税务多达一千九百九十三处（戴静华：《宋代商税制度简述》，转引自漆侠：《宋代经济史》下册），我们在《清明上河图》中看到的这个税务所应当就是这一千九百多所中的其中一处。

北宋由于税务林立，“税场太密”，有时几十里内就会有数家税务，商旅每过一次税场，就要缴纳一次过税。宋仁宗时期，北

宋的税务存在严重的“征民不征商”的问题，大商人与权贵勾结，逃避税务。

这样实则限制了全国市场的流通，将商品的流通局限在区域市场中。熙宁五年（1072年），在京的商税院都归市易司提举管辖，《宋史》记载，熙宁七年（1074年）下令减少都城门外数十种商品的税务，钱不够三十文的免除课税。而在此之前，“外城二十门皆责以课息，近令随闲、要分等，以检捕获失之数为赏罚；既而以岁旱，复有是命”。（《宋史·食货下八》卷一百八十六）减税的一个重要原因是熙宁六年（1073年）开始大旱，朝廷体恤百姓。我们在门楼后面的商税务前面也看到，官吏正在对两宗大的货物进行课税登记，并没有出现随闲、差役沿路拦截商旅，检查随行货品，并勒令缴税的场景。

按照北宋官员的任职惯例，州县的监税、监酒的财务小官，往往是由贬黜的朝廷官员来担任。我们在图中看到的坐在条案

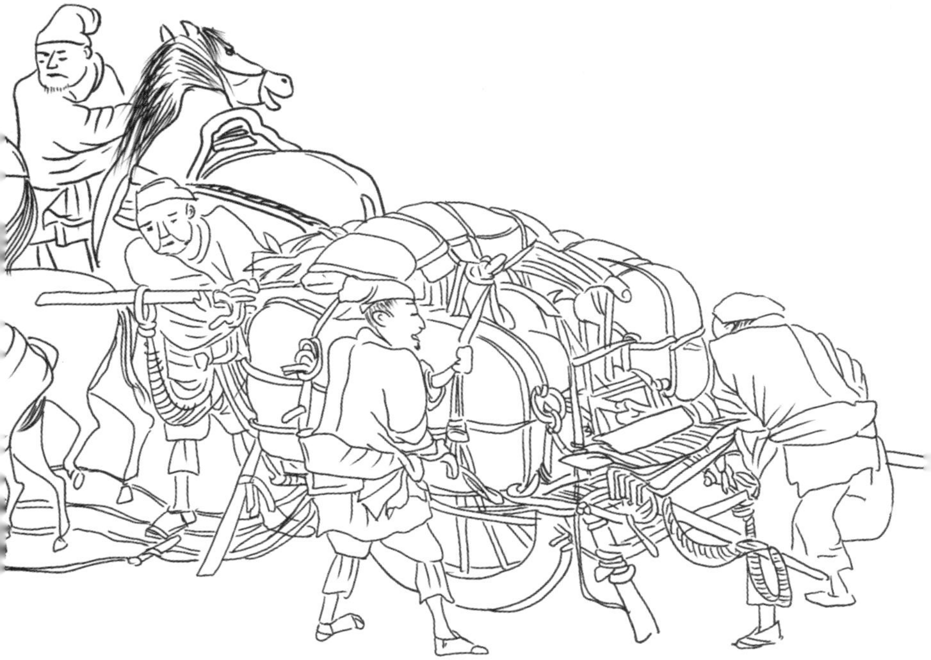

前、手中拿着笔正在记录的形象，或许是一位中过进士的选人。那个在熙宁年间（1068—1077年）上书和呈现《流民图》以中伤王安石的郑侠，就是监管安上门的选人。当然，安上门处在汴梁外城，自然比草市中的监官品级高出不少。而这位坐在门洞后的监官，他手下具体办事的差役，多是由当地充当职役的第五等税户出人来承担。这些充职役的差役，在熙宁“免役法”颁行之前，是没有报酬的，需要自己的家庭来承担工作的费用，而实际上他们主要靠勒索商旅为生。“熙宁变法”之后，改差役为募役，原来轮流要到税务所充当职役的税户，他们只需要缴纳一定的“免役钱”，朝廷再拿这些钱去雇募人员专门来承担收税工作。我们在《清明上河图》中看到的税务差役，他们都是拿着月钱的收税役卒，因此，没有盘剥商旅的必要。所以，我们在画家的笔下没有看到猛虎般的酷吏形象。

草市中的酒肉店

香

正如我们在前面讲解脚店时所提到的宋代酒榷制度，正店是获取官府授权的酿酒专卖的酒户，它们的后台一般都是有着权贵背景的大商人和兼并大地主。笔者想这点即便在神宗朝“熙宁变法”时期，也是不能改变的，能通过投标获得一个区域的酿酒专卖权，一定是需要雄厚的财力和一定的政治背景。这点从孙羊正店的规模，和它彩楼“欢门”的装饰豪华程度、店内的高朋满座，以及后院高高垒起的酒坛子，就能得到我们想要的答案。这是《清明上河图》中画家描绘最多，也是最豪华的一家店铺。但笔者在这一小节中，要引领大家从豪华之外看出另外的一些东西。

《水浒传》第二十九回，武松醉打蒋门神，说武松进得快活林时，“又行不到三五十步，早见丁字路口一个大酒店，檐前立着望杆，上面挂着一个酒望子，写着四个大字道：‘河阳风月。’转过来看时，门前一带绿油阑杆，插着两把销金旗，每把上五个金字，写道：‘醉里乾坤大，壶中日月长。’一壁厢肉案、砧头、操刀的家生，一壁厢蒸作馒头，烧柴的厨灶。”

这里对快活林酒店的规模描述，与我们在《清明上河图》中看到的“孙羊正店”，除了有着开封地方特色的彩楼“欢门”之外，其他几乎是相同的：望旗、望杆，以及门前的栏杆，最大的相同之处是酒店的侧厢都有一个肉铺。《水浒传》最早来自宋人说书的话本，它对于一些场景和风俗习惯的描述有着很大的真实性——有学者甚至用《水浒传》《三言二拍》来作为宋代经济史研究的参考资料（如漆侠：《三言二拍与宋史研究》，引自《知困集》）——说明这种规模、这样形制的酒肉店具有较强的“历史真实性”；而且它同时出现在话本小说和图画

中，说明它在宋代现实社会中也是十分常见的存在。

小说中的快活林酒肉店的地理位置，施恩交代得十分清楚：“小弟此间（孟州）东门外（十四五里）有一座市井，地名唤作快活林；但是山东、河北客商们都来那里做买卖；有百十处大客店，三二十处赌坊、兑坊。往常时，小弟一者倚仗随身本事，二者捉着营里有八九十个弃命囚徒，去那里开着一个酒肉店，都分与众店家和赌坊、兑坊里。但有过路妓女之人，到那里来时，先要来参见小弟，然后许他去趁食。”（《水浒全传》第二十九回）

这个位置与《清明上河图》所反映的清明坊的位置也是十分

相似，都是在大城市东门之外十数里的市井/草市，都有着百十来家的大店铺。而且，更巧合的是，据孟元老的《东京梦华录》记载，在汴梁东城外也有一个地方叫“快活林”（孟元老：《东京梦华录》卷六）。此外，施恩所开的快活林酒肉楼和《清明上河图》中的孙羊正店，还有不少的相同点，它们都是能将酒批发给众店家的“正店”；《清明上河图》中的这家孙羊正店门外挂着数盏栀子灯，指示着酒楼内有提供妓女陪酒的服务，这也同《水浒传》中施恩所说的一样。

这就不得不引起我们做过多的联想和推测，宋人话本中的

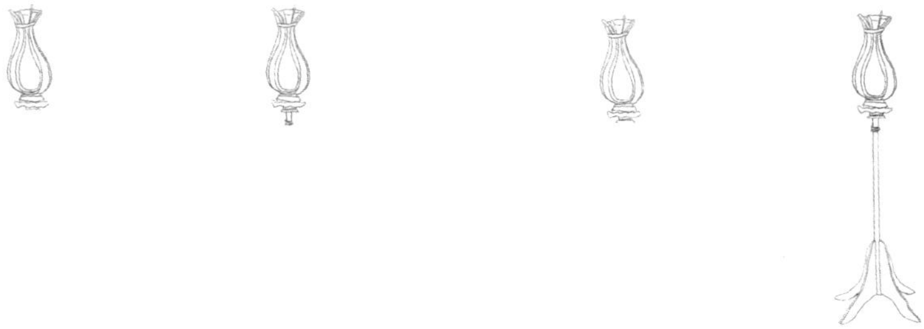

快活林是不是就是依据汴梁城外的清明坊或快活林的草市为原型而创作的？或者说孟州城外的快活林也是“真实的存在”，只是复制了汴梁城外的草市的规划呢？当然，这只能是一种猜测。但这样一个猜测和对比，让我们更加确信这样一个事实：《清明上河图》所描绘的场景就是大都市城外十数里的草市，而不是以前研究者所认为的是汴梁城内和它的城墙外的一段场景。

其实，汴梁城内的酒楼无论是从规模和格局上，还是从热闹的程度上，都要比我们从《清明上河图》中看到的更加高大上：

“凡京师酒店，门首皆缚彩楼欢门，唯任店入其门，一直主廊约百余步，南北天井两廊皆小合子，向晚灯烛荧煌，上下相照，浓妆妓女数百，聚于主廊槏面上，以待酒客呼唤，望之宛若神仙。北去杨楼，以北穿马行街，东西两巷，谓之大小货行，皆工作伎巧所居。小货行通鸡儿巷妓馆，大货行通笺纸店白矾楼，后改为丰乐楼，宣和间，更修三层相高，五楼相向，各有飞桥栏槛，明暗相通，珠帘绣额，灯烛晃耀，明开数日，每先到者赏金旗，过一两夜，则已元夜，则金一瓦陇中皆置莲灯一盏，内西楼后来禁人登

眺，以第一层下视禁中，大抵诸酒肆瓦市，不以风雨寒暑，白昼通夜，骈阗如此……”（孟元老：《东京梦华录》卷二）

相比孟元老在《东京梦华录》中所记载汴梁城内的酒楼主廊深百余步、浓妆妓女数百人的规模，我们在《清明上河图》中看到的孙羊正店，也只能是汴梁城外十数里草市中酒肉店的“乡巴佬”格局了。就连汴梁城内肉铺的规模也不是《清明上河图》中草市的肉铺所可以相比的，看看孟元老所描绘的汴梁肉行的排场：

“坊巷桥市，皆有肉案，列三五人操刀，生熟肉从便索唤，阔切、片批、细抹、顿刀之类。至晚即有燠爆熟食上市。凡买物不上数钱，得者是数。”（孟元老：《东京梦华录》卷四）

肉铺的免行钱

孙羊正店侧面是“一壁厢肉案、砧头、操刀的家生”的肉铺，操刀的屠夫正在肉案上忙碌着，在他的右侧的檐下悬挂着“□斤六十足”的牌价，这是《清明上河图》所描绘的草市中唯一一处涉及物价的场景。物价作为商品市场的重要指标，对于图像的观看者来说，具有重要的指向性意义：对于关注社会经济的同时期观看者来说，这个注明了价格的牌价，表明政令抑制下的市场物价的直接效果；对于后世的研究者而言，这是一

个重要时间段的指示符，我们只要找到历史文献中关于北宋各个时期的羊肉价格，就能确定对于《清明上河图》创作上的时间争论。

可惜历史文献中关于北宋羊肉价格的资料并不详细，只有扑朔迷离的几条信息。一条是见于宋人笔记中，说宋英宗治平四年（1067年）长安（今西安）的猪羊肉价格每斤在三十文到四十文间（《续资治通鉴长编》卷五百四十六）。长安与汴梁还是有着一定的距离，物价应该也会存在着不少的差别，地域性价差正是商品流通的重要动力。另一条是熙宁七年（1074年）的记载，是皮公弼向朝廷请示募人从京畿以每斤一百三十钱的价格买羊（《续资治通鉴长编》卷二百五十六）。这条记录的前后文是在讲请示在地方沙苑牧羊的事情，所以结合前后文的文意推测，每斤一百三十钱的价格应该是活的小羊羔的价格。这个价格是要比成年羊被宰杀之后所获羊肉的价格高出不少的，按今天的市场经验推算，至少应该在一倍以上。所以，我们可以推断

《清明上河图》肉铺中所显示的“□斤六十足”的价格，极有可能就是熙宁年间（1068—1077年），朝廷努力控制物价后，京畿地区的羊肉在京城外草市中的价格。

熙宁五年（1072年），朝廷在京师汴梁设立市易司后，又进一步在熙宁六年（1073年）六月采纳了京师肉行徐中正等人提出的“免行役钱”的要求，颁布了“免行条贯”，规定京师屠户中下户共二十六户，每年共出“免行钱”六百贯给官府，不再向官府直接缴纳猪羊肉（《续资治通鉴长编》卷二百四十五）。这样其实是减少了官府和大商人对中下户肉行的盘剥，肉行的成本减低，肉市的价格自然可以稳定在一个合理的价位。

画家在图像中，有意将羊肉这个汴梁城内外百姓主要的肉类食品的价格记录下来，其用意当然不是要为我们后世研究者留下一条重要的研究文献，其真正目的是让那些不便到达京外的、内廷中的图像观看者们明察京城十数里之外的市场行情。

北宋的说书人

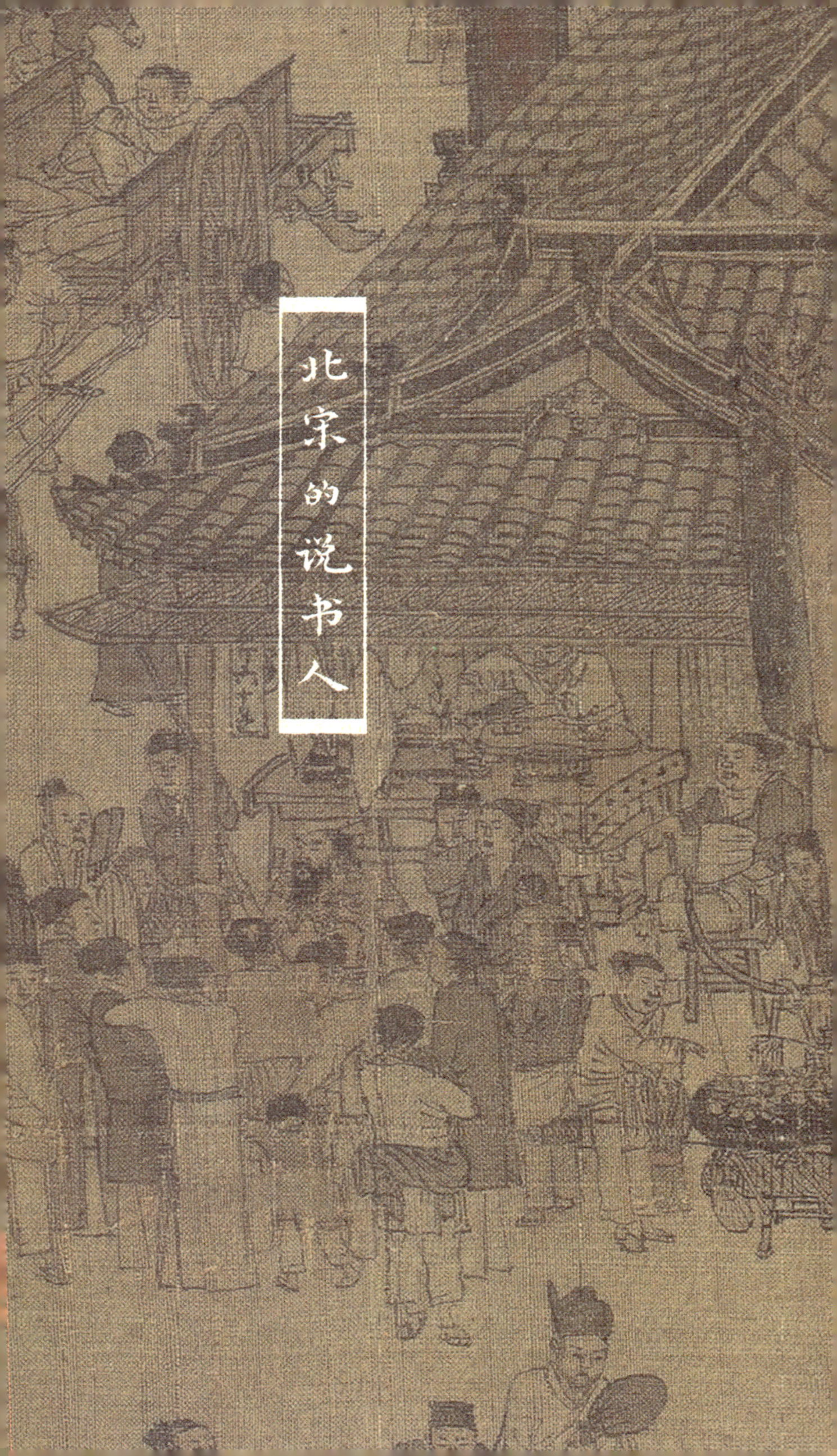

宋人话本是市井文学，也可以称作当时的坊郭户文学，它的对象就是坊郭户，所描写的故事也主要是关于商业和商人相关的事情。画家将草市中说书的场景安排在市井的边上，十字街口的中心，是对当时历史场景的真实反映。

它作为图像中的一个符号，或许并没有指向这一时期“熙宁变法”背后的具体意义，但它与图画中许多其他“副符号”图像一样，有着指示具体场景的意义。它们同主题没有紧密的关系，但它们的出现确保了那些主题符号存在的合理性。

遇到不想见的人

从我们在前面画面中见到的，正在追赶惊马的随从手中，我们就看到一把扇子。到了这个十字街口，我们看到一个儒生官员模样的人在两个随从引路牵马的陪同下，坐在高头大马上，手中拿着一面圆形的扇子，正在穿过街心。迎面走来一个深袍的儒生和他的童子，儒生的手中也拿着一面圆形的扇子，他将扇面高高举起以遮住自己的面容。从他的举动中可以推测，他应该是不想与对面过来骑马的官员相见。宋人邵博的笔记记载，画家李公麟在京师见到苏轼被贬之后留在京师的子侄时，以扇遮面，薄情、不打招呼的故事。这与我们在画面中看到的场景一般无二："晁以道言：当东坡盛时，李公麟至，为画家庙像。后东坡南迁，公麟在京师遇苏氏两院子弟于途，以扇障面不一揖，其薄如此。故以道鄙之，尽弃平日所有公麟之画于人。"（邵博:《闻见后录》卷二十七）

可以肯定的是，扇子在《清明上河图》中不像一些研究者所指出的，是一个夏天的指示符号，它更多的是因一种身份和礼节性的要求而存在。我们在《清明上河图》所看到的圆形扇面，差不多都是骑马的有身份的人拿着，或者是他们的随从帮忙拿着，所以它远不是我们习惯用的宫扇和团扇，它的作用也不是用来扇风取凉那么简单。

其实，它另有一个雅致的名字叫“便面”，从《汉书·张敞传》“自以便面拊马”的颜师古注解中，我们知道“便面，所以障面，盖扇之类也。不欲见人，以此自障面，则得其便，故曰便面，亦曰屏面”。早期的“便面”现在已经有不少的出土实物，它是一枚像小旗子一样的半边扇。最早的起源估计是用来遮挡马眼的用具，以遮蔽阳光对马眼的直射，或遮蔽一些能惊吓到马的实景。

宋人王得臣的笔记为我们提供了更多的信息：“熙宁间，因内珰马首以小扇障目，后士大夫悉用夹青缣为大扇，或加以青囊盛之，用芘其景，至从兵有不能持之者。绍圣初中，诏禁止，遂不用。”（王得臣：《麈史》卷上）熙宁时期，宫廷中的宦官用一种小扇在马前面挡住马眼，目的估计就是防止马受到外界景象的惊吓而乱了皇帝的仪仗，后来士大夫也竞相仿效。但有一点可以肯定，这种习惯并不是从北宋开始的，前面《汉书》的记载说明早在汉代就有“便面”。但王得臣的笔记为我们提供了一个更具体的信息，就是在熙宁年间（1068—1077年），士大夫所执的“便面”，多用一个青色的布囊包裹着，这与我们在画面中所看到的一样。将扇子用布袋装着，就完全失去了扇子的作用，从而成为一种仪式的象征。这则笔记的末尾还为我们提供了一个重要的信息，就是这种士大夫用布袋装扇子，让随从帮忙拿着的仪式，在宋神宗的儿子宋哲宗上位理政的绍圣初年被下诏禁止了。于是，画面中的扇子又可以成为一个时间的指示符号，虽然它不能指示为夏季，但它说明《清明上河图》中出现的“便面”应该是在宋哲宗颁布禁令之前，而不是以往研究者认为的《清明上河图》创作于宋徽宗时期。

王员外家的邸店

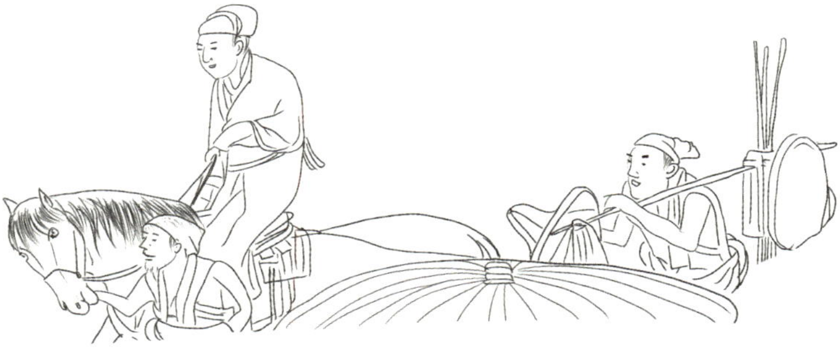

在热闹的孙羊正店对面，是两家“久住”邸店，即我们现在所熟知的旅店。与热闹喧哗的孙羊正店相比，街这边清静了很多。一家的招牌写着“久住·王员外家”，另据宋人笔记记载，虹桥有王家花园（袁褧:《枫窗小牍》卷下），说明在虹桥附近有王姓大户人家，他们在虹桥附近的商业繁华区“开店停客”，也是很自然的事情；另一家的招牌被屋檐遮挡住了下面，只能看见“久住·曹二□□”几个字，一个骑马的书生模样的客人正在马弁协助下走向这家邸店，在他们的身后是一个挑着一副行李担子的脚夫，他们应该是远道而来参加京师科考的士子。在王员外家邸店的二楼里，另一个书生租下来整个房间。透过二楼的窗户，我们甚至可以看清楚墙上的书法条幅，书桌上的笔架书本，休息时

的逍遥座椅，以及盥洗用的用具。整个场景给人一种感觉，这是一个处在闹市中，却十分适合读书的安静书房。

如果我们在下面的史料背景下，来研读这个刚刚看到的图像，就能更加明白这个热闹草市中邸店清静的原因。

根据日本学者宫泽知之的研究，他认为“市易法”的颁布

和在京师汴梁的推行，其实是打破了以往的商业流通格局，即由原来的流通模式——客商—兼并家、邸店、牙人—铺户，改变成新的流通格局——客商—市易司—市易司行人（在京铺户）（转引自［日］久保田和男：《宋代开封研究》）。市易司设立时的出发点是“兼并抑压”，就是要打击兼并大商人（富人大姓）对商业市场的垄断，和将物价控制权掌握到政府手中。显然，在新的流通格局中，兼并大商人、邸店，以及过去行会中的牙人失去了作为中间环节存在的价值。

王安石在熙宁五年（1072年）与宋神宗对话的言论中也直接说出了，通过“市易法”达到使兼并之家失业的目的：“今修市易法，即兼并之家，以至自来开店停客之人并牙人，又皆失职……即凡因新法失职者皆不足恤也。”（《续资治通鉴长编》卷二百三十六，熙宁五年闰七月丙辰）王安石所说的“开店停客”之人，就是邸店的老板。在汴梁城内开邸店的人大多是富人大姓、贵胄之家，在王安石看来，邸店的歇业关门是不值得同情和体恤的，而这些人本身就是兼并大商人，他们往往就是扰乱京师市场，抬高物价的根源。他在同一场合还向宋神宗列举了几个实例来说明。从下面具体的实例中，

我们也可以看到一些问题，比如卖梳朴和茶叶的商人，运送大宗的货品来到京师寻求买家，他们首先要去拜会那些垄断了市场的行会、大商人，乞求他们的定价。而卖给他们又不能定高价，滞留京师日久，费用自然也就高了，所以他们在卖给一些下户这些终端的店铺时，就不得不抬高了价格来弥补过高的费用。如果朝廷设立的市易司直接将这些进京的货物第一手接过来，就减少了商家在京师的滞留时间，降低商品的成本，则可以抑平这些商品在京师市场上的价格，让朝廷和市民消费者同时获利。商人在京师滞留的时间减少，自然会致使邸店的生意冷清下来，甚至不得不闭门歇业。在王安石看来，这种“开店停客”之人的失业正是“市易法”颁行的直接成果。

我们在《清明上河图》中看到的两家位于京师城外草市邸店，虽然情况不会完全与汴梁城内的邸店相同，但除了发现两个书生模样的人入住之外，却没有看到商贾在邸店前的身影，让闹市中的邸店成了一个清静的、可以温书备考的好地方，其图像背后的符号意义，当时的图像观看者自然能立即体会，但容易被今天的图像观看者忽视。

没有买卖的解库

在围着数十个儒生和士大夫打扮的凉棚后面，与凉棚下的热闹形成鲜明对照的，是一家死气沉沉的店铺。从敞开的大门中，我们可以看到室内空空的条案和长条凳，门外还摆放着一个做工考究的木桶，门的两侧摆放着两扇制作十分精良的移动隔板——这种隔板在福建龙海月港古城现在还保留着，但多是用楠竹制作而成，当地称“竹隔仔”。这一习俗，据说是朱熹在漳州任知州时倡导的，所以又名“文公帘”。它应该就是汴梁流传开的旧制，其作用就是遮蔽一定范围内的视线，而又不影响室内的采光和通风——比较《清明上河图》中一些茶舍酒肆的简单隔板，制作如此精良的隔板显示着这家店铺的财力。隔板周边的花边，画家也精细地描画出来，但店内外空无一人，这也是《清明上河图》所描绘的近百家店铺中，唯一没有人的一家店铺。这应该不是画家的疏忽，其中必有某种用意。

从这家店铺屋檐下所挑出的一个方形招牌中，用公正的楷书书写一个“解”字来看，可以推测这是一家“解库”。“解库”也称“质库”，就是后来大家熟知的当铺，往往是人手中无钱而又需要资金的时候，可以典当自身有价值的财产，来解燃眉之急的地方。根据宋人吴曾的笔记记载，这种“解库”在南朝时期就已经存在了，“江北人谓以物质钱为解库，江南人谓为质库，然自南朝已如此”（南宋·吴曾：《能改斋漫录》卷二）。当时的江北人称其为“解库”，江南人称其为“质库”。我们在流传下来的宋话本中，也能看到“质库”“解库”的互用。例如，《喻世明言》中的《宋四公大闹禁魂张》，说的是北宋初期京师汴梁的故事，故事中被主人公宋四公等四个江湖盗贼捉弄的禁魂张员外就是一家“解库”的老板。他们将从钱大王府中盗出来价值万贯的玉带，差人到张员外的“解库”中典当，“把这条带去禁魂张员外解库里去解钱，这带是无价之宝，只要解他三百贯”。另一个例子是《醒世恒言》中的《郑节使立功神臂弓》，故事中帮助郑节使的张俊卿员外也是汴梁城中的一个大财主，他在自家宅子前分别开了一家金银铺和一家“质库”。宋话本中的“解库”都是生意十分兴隆的大买卖，店内都安排着多个主管，而且还有当值的杂役等，不像我们在《清明上河图》中看到的这般冷清。

如果我们对照下面这段转录自《神宗日录》的史料，来看这个门可罗雀的“解库”，或许能明白画家的用意和画面中所呈现的历史实景。

“甲申，金部员外郎、检正中书户房公事吕嘉问兼提举市易司。王安石言：‘近京师大姓多止开质库，市易摧兼并之效，似可见方，当更修法制驱之，使就平理。’上言：‘均无贫固善，但此事难尔。’安石曰：‘秦能兼六国，然不能制兼并，反为寡妇清筑台。盖自秦以来，未尝有摧制兼并之术，以至今日。臣以为苟能摧制兼并，理财则合与须与，不患无财。’”（《续资治通鉴长编》卷二百六十二，熙宁八年四月）

王安石是江南人，他习惯将汴梁的“解库”称作“质库”，他说现在京师的大商人多只能开“质库”了，这是在夸口“市易法”推行两年来新法所取得的成效。熙宁六年（1073年）颁布的“市易法”是“熙宁变法”时期颁布的诸多法令中争议最大的一项法令，这个法令后来直接导致了王安石的两次罢相和最终离开权力中心。“市易法”的推行，其中一个主要目的就是朝廷成立市易司，直接由政府出资控制市场中的商品流通，再以合理的价格买进卖出，从而抑制大商人原来对于商品市场的行业垄断；其次是“免行钱”的征收，也是针对那些在权贵庇护下的大商人，使他们既不能逃避这一笔税钱，又不能再依靠权势来欺压其他行户。在王安石与宋神宗的这段对话中，也道出了王安石推行“市易法”的初衷，就是要抑制大商人、大地主的兼并，而最终让国家的财政收入富足起来；一心惦记富国强兵、关心变法成效，而此时仍处在犹豫状态中的宋神宗，所言不多，却道出了自己的担心：能均贫富而没有穷人受苦实在是很理想的，但这个目标不容易实现呀。

“解库”的生意不需要买进卖出商品，只需要大量的资本。在朝廷成立市易司控制了市场中的商品流通之后，确实只有“解库”这样的买卖适合有着大资本的商人来从事。以往需要靠借高利贷或典当筹钱来缴纳高额的“行例钱”的城市低下层坊郭户和农户，现在在新法的恩惠下，可以通过市易司借到低息的贷款；在街市上贩卖果瓜之类的小商品，市易司则“逐日差官就彼监卖，分取牙利”（文彦博：《文潞公集》卷二十）。贫苦的坊郭户和周边的农户在市易司的资助下进入市场中，一方面通过买卖获利，另一方面免去了高利贷的风险。而且，对于市场而言，消费者可以买到更加实惠的商品，这是一个理想的市场运行模式。在这种模式下，自然不再需要靠压榨和欺骗而获利的“解库”出现了。画家在《清明上河图》中所描绘的冷清的“解库”形象，也就是宋神宗口中所说的“均无贫”的目标。

“市易法”的推行，最早的灵感来自秦凤路经略司王韶的建议——王韶这位进士及第的文人，一生志在为大宋王朝收复被西夏占领的西北土地。熙宁元年（1068年），因上《平戎策》，提出的“收复河湟，招抚羌族，孤立西夏”方略，为宋神宗所重用，被任命为秦凤路经略司机宜文字。后来，他率军击溃羌人、西夏的军队，收复熙、河、洮、岷、宕、亹等五州，拓边二千余里，对西夏国土形成包围之势，史称“熙河开边”，成为积弱积贫的北宋历史上少见的开疆拓土的军事活动。他本人本应该成为北宋历史上与范仲淹、狄青齐名的军事家，只因是“熙宁变法”的改革派而被后世所忽视，甚至成为北宋历史的“罪人”，他所开边的土地也被司马

解

光、高太后等人拱手让给了西夏——熙宁三年（1070年），王韶看到沿边贸易兴旺，利益却全被大商人攫取，遂提出“欲于本路置市易司，借官钱为本，稍笼商贾之利”（《宋会要辑稿》食货三七之一四）的建议，这是“市易法”的开端。熙宁五年（1072年）三月，一个名叫魏继宗自称草民的人上书称，京师的大商人垄断商品、操控物价，低价买进、囤积居奇，待商品匮乏时再高价卖出，害得外地商旅无利可图，不愿意输送货品来京师，而城中百姓民不聊生、叫苦不迭。他希望朝廷出面，像建立常平仓一样设立常平市易司，将市民需要的日常必需品以平价买进再平价卖出，以此来抑制大商人的兼并和垄断，稳定市场物价。

变法派在变法第一阶段中，阻挡反对派对“青苗法、免役法”的进攻而获得胜利之后，马上就采纳了魏继宗的建议，在汴梁设立了市易司。朝廷出资一百万贯作为京师市易司的本钱，并邀请魏继宗，以及一些商行的商人作为监官来参与这个工作，另招纳原来京师的行人和牙人，充当市易司的行人和牙人，负责货物的买进卖出——历史上第一个国营的百货总公司正式开业。

熙宁六年（1073年）继续推行了“免行条贯”，以往官府衙门所需要的很多物品，多由诸商行摊派供应，由于“官司上下须索”，诸行所花费的实际上比他们应该缴纳的多出了十数倍；而大商人往往可以利用手中的权力，将这种摊派转移到中下等商人身上，这种无偿的压榨让中下等的商人苦不堪言。“免行条贯”打破了原来实物对官司的供应，视商家的“利入厚薄”缴纳一定数额的“免行钱”即可。各行的“免行钱”按照上、中、下三等进行区分，一些小本生意是免收“免行钱”的。这个新规狠狠地打击了同权贵有密切联系的大商人的利益，他们不但不能像以前一样不缴纳实物给官司，现在反而要根据资产的多少比中下等的商人多缴“免行钱”。“市易法”的推行对他们利益的损害，自然比“青苗法”让他们失去了放高利贷获取利益的损害更大，他们自然开始了另一轮更猛烈的反击。因为它牵涉了太多人的利益：大商人、官僚士大夫、皇亲国戚，甚至宦官。宋神宗之向皇后的父亲向经，本身就是“影占行人”从中渔利的权贵；曹太后的弟弟曹佾也是多次与商人勾结从中渔利，被市易司揭发；宦官以往则可以在宫廷用品的买办中向商人勒索和收取贿赂，现在这些财路都断了。他们结成联盟，结成了一个从宫内到朝廷、从朝廷到地方的攻势网络，使变法派遭受内外夹攻。

从宋代的文献中也可以看出来，在诸法中，正是“市易法”受到全方位的攻击。而宋神宗对于“市易法”的担忧也是最多的，他再三询问王安石其中的细则是否妥当，并背着王安石暗中安排曾布去调查市易司的提举官吕嘉问，从而为变法派内部的分化埋下了隐患。

被宋神宗点名的『提茶瓶小哥』

在“市易法”被质疑和声讨的过程中，一位被宋神宗点名的“提茶瓶小哥”，出现在《清明上河图》的画面中。他正行走在孙羊正店前面的十字街口拥挤的人群中，头带着方巾，身着褐色长袍，长袍的下摆被卷起来系在腰间，左手提着一个便携式的炉子，上面放着茶壶，右手执着一块快板，正欢快地沿街叫卖着自己手中的热茶。

这位提茶瓶的小哥，先是出现在郑侠的奏章中。郑侠本是一位在南城的安上门做门监的小官，他除了用《流民图》《正直君子社稷之臣事业图》《邪曲小人容悦之臣事业图》来反对变法，中伤王安石等一干变法重臣外，还在朝中一些大臣的暗中示意下越级上书，称自规定纳“免行钱”的政令颁布后，市易司就规定，各色行人如不“诣官投行”，均不得在市场中买卖，于是“市师如街市提水瓶者必投充茶行，负水、担粥以至麻鞋、头发之属，无敢不投行者”（郑侠：《西塘先生文集》卷一）。宋神宗看到奏折之后，当面质问王

安石市易司是否向提茶瓶的小哥收钱了。王安石一口否定有此事，并追问负责中书文字的副宰相冯京为什么不将实情说出来。曾在背后怂恿郑侠这么做的冯京，心中有鬼，面对质问也只能说些模棱两可的话，来敷衍了事。

上(宋神宗)问安石："纳免行钱如何？或云提汤饼人亦令出钱，有之乎？"

安石曰："若有之，必经中书指挥，中书实无此文字。"

冯京曰："闻后来如此细碎事都罢矣。"

安石曰："冯京同佥书中书文字，皆所亲见，如何却言闻？不知先来如何细碎收钱？后来如何都罢？若据臣所见，即从初措置如此，非后来方不收细碎事，不知冯京何所凭据有此奏对？其言

‘提汤饼亦令出钱’必有人……”(《续资治通鉴长编》卷二百五十一)

事实证明，提茶瓶小哥缴纳“免行钱”纯属保守派捏造出来的，想以此来博取宋神宗的同情，干预“市易法”的实施。提茶瓶小哥的形象在当时的汴梁城内的街市和城外的草市应该是最常见的形象，也是最有代表性的，所以才会被郑侠一干变法反对派提及。所以，提茶瓶的小哥在《清明上河图》中的出现也是必然的。但我们在这样一个事件背景之下来解读这个形象，自然而然会做过多的联想。不仅我们今天的研究者会是这样，就是当时北宋朝堂中的大臣和后宫的太后，一切能看到这张画的众人，在看到画中提茶瓶小哥的欢快形象时，也会从各自的立场出发，来检验郑侠上书所提到的现象的真实性——这或许就是图画本身最基本的价值。

牙人——生意洽谈成交的话事人

十字街口中间，在和尚与一个儒生的边上，有两个穿着窄长袖短衫的人，他们俩侧身而对，正在交换着什么信息，又匆匆奔往各自的目标，这两个人应该就是牙人，牙人的外衣右袖较长，便于双方在衣袖里捏指论价（苏升乾：《清明上河读宋朝》，2012年，商务印书局）。我们在前文交代过，朝廷设立市易司，向京师各商行招纳牙人，充当官牙。他们在商品的交易中发挥着重要作用，能及时为官方提供重要的市场信息。

其实牙人并不经营任何商业，他们的作用只是在买卖双方之间传递买卖信息，是生意洽谈成交的话事人。据宋人笔记记载，他们称谓的来历其实是一个错别字约定俗成的用法："今人谓驵侩为牙，本谓之互郎，主互市事也。唐人书'互'作'㸦'，似'牙'字，因转为牙。"（孔平仲：《孔氏谈苑》卷五）

在时间就是商机的商品市场中，我们看到在整个图画中，除了赶路的脚夫外，他们是最行色匆匆的两个人。

科举改革的历史现场

在“解库”前面的凉棚之下，一群儒生模样的人围着一个手拿“便面”的先生，他们之中的人拱手而坐，神态专注、态度虔诚，中间的先生仰着头，半闭着眼睛，似乎正说在得意之处。身后一个儒生在两个扈从的协助下，正在上马，准备离开，一个扈从一手拿着青囊包裹的“便面”，一手牵着马的缰绳。上马的青年儒生的前面另有三个穿深色长袍的老年儒生，他们其中的两个正在交谈，另一个正抬起右手在招呼什么。这个场景与孙羊正店肉铺前说书的场景形成对比。对于它的解读，历来研究者各有不同，有人说这同样是一个说书场，只是说书的内容和听众区别于孙羊正店前的市井内容的说书；有学者将这个场景与后面的“解”字招牌结合起来，说这是“解命”的现场，是众科举考生正在向一个算命先生求解科举命运的场景（余晖：《隐忧与曲谏——〈清明上河图解码录〉》）。众说不一，没有定论。宋代科举考生确实有考后向算命先生问命的习惯，这样的记载屡见于宋人笔记之

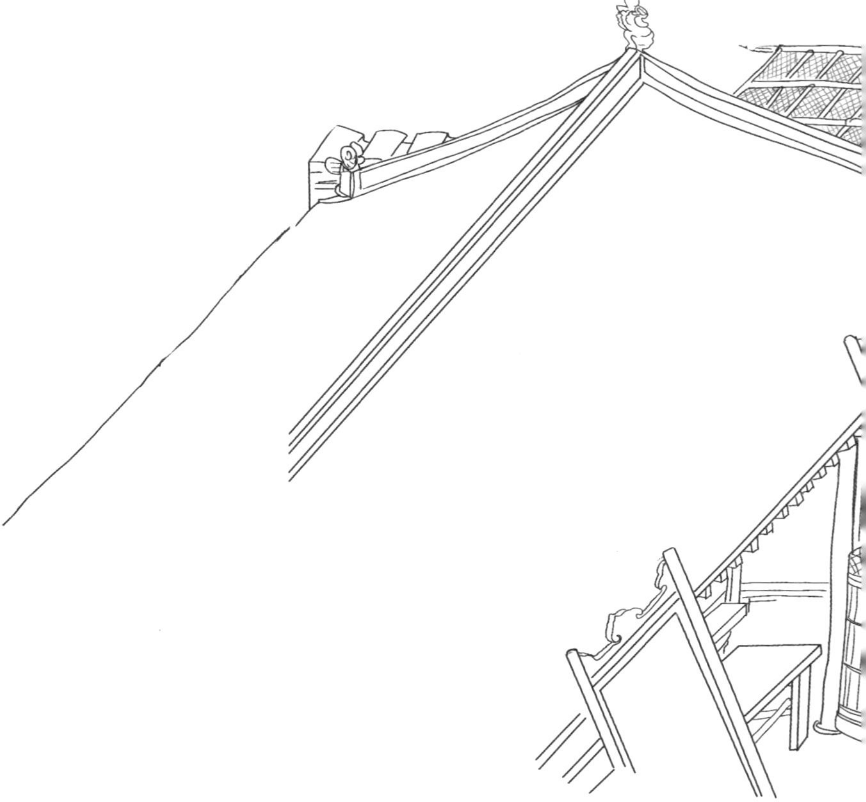

中。王安石也认为这样的卜筮者最多时多达万计（王安石:《王文公文集》卷三十二），但这些主要集中在大相国寺附近的繁华区。而且，这样一种占卜活动往往是私密性的。我们从宋人笔记中所能看到的记载，也顶多是三两好友结队而行，而不可能大家聚集在一个占卜先生的前面来“揭秘”自己的“身世命运”。所以，我们在图像中所看到的场景不是众科举考生在集体算命，它在画家的笔下必定另有用意。

“熙宁变法”在整顿官僚机构的同时，任用和选拔什么样的人来推行新法，就成了改革者需要思考和落实的一个重要问题。为了笼络支持变法的士大夫和地主阶层人才，以及对改革能提出

建设性意见的人才，朝廷改变了以往的人才选拔和晋升的通道，一些小官员直接从基层调到上层机构中，让他们成为变法的中坚力量，如吕惠卿、曾布、章惇等；一些民间的有用人才也可以通过各种途径直接进入政府部门中担任要职，如“草泽人”魏继宗就是因为对“市易法”提出了建设性的意见，被直接任命参与了市易司的工作；在“农田水利法”公布之后，一些对新法颁布和推行有贡献的人，或胥吏，或农民、商人，甚至“罪废者”纷纷上书发表自己的观点，谈论农田水利事情，献计献策，有些还被委以官职（《续资治通鉴长编》卷二百四十）。

通过这种特殊的方式来吸纳人才支持和推行变法，毕竟是有限的。中国封建王朝选拔和任用人才的主要渠道是科举考试。王安石认为唐以来的科举考试"困于无补之学"，是"以诗赋声病取进士、记诵默写试明经"，真正对于国家治理有用的人才常常因为"声律"之试，而被困于草野。

所以，变法派在熙宁四年（1071年）拟就新的科举考试办法，并于熙宁八年（1075年）六月，修成《三经新义》，由宋神宗向全国颁发，领之学官。王安石的新学正式成为国子监官方教科书，并成为科举考试的权威内容范本——这被后世学者认定为中国科举考试最重要的变革。"变声律为议论，变墨义为大义"，以经义取士，标志着唐朝以来文章之学在科场统治的终结，结束了士子"闭门学作诗赋，及其入官世事皆所不习"的状况；同时成为此后近千年科举考试中以经义取士的既定模式，也是为后世诟病的"八股文"的发轫之处。

但变法派的出发点是，针对旧有的科举考试不能满足国家统治对有用人才选拔的要求，尤其是在变法时期对实用性人才的需要。同时，在王安石看来，变更科举考试只是革弊布新的一个开端，通过考试选拔对变法的支持者，选任变法的执行者，为自己的队伍补充血液，从而钳制保守派对新法的攻击。他并没有想到这次变革让科举考试摆脱了一个枷锁之后，又被套上了另一个枷锁，当然这是后话。

在科举考试制度和内容的改革之外，王安石还改制太学的设置和规模，并在太学之外建立了武学、律学和医学等经世实用之学。他还规定这些经世实用之学必须安排实习演练，或市井见习，通过实操让这些学生真正成为对国家有用的人才。

回到《清明上河图》的图像中，我们所观看到的这一群儒生在市井中，尤其是在最热闹的街心出现。他们突兀的存在，会不会是画家有意用自己的画笔来记录熙宁年间（1068—1077年）这个“科举改革的历史现场”呢？这样于市井之旁的开放式教学现场，呈现给当时的图像观看者，让他们看到一批批经世实用的人才在变革时代涌现——显然对于图像符号的具体指向，我们还需要更多的文献和图像资料作为一种参考，这里只是笔者解读的一种可能，亦是诸多解读中的一种。与其他解读不同的是，它被安放在一个具体的变革时代的语境之中，因为只有变革才能解释它的“突兀”，或许这种解读更接近画家所要呈现的“历史的真实”。

街中心『摆拍』的和尚、道士

在正店的十字街口中心出现了几个僧人和道士，作为步入空门的清修人士，他们在最热闹的街心出场，以往并未引起研究者的注意，我们顶多将这一现象解读为宋代是实行儒释道“三教合一”的社会。我们从图像中，也看到了他们在街心共同出现。这样一种解读是表面的，显然，僧人和道士作为社会人口构成的一部分，他们在街心出现或许是偶然的，但众多的僧人和道士在街心驻足却不是偶然的，他们也不会是为了配合画家完成《清明上河图》而来到街心“摆拍”的。

孟元老的《东京梦华录》中有一段记载，为我们揭开了众多道士、僧人伫立在热闹的十字街心的目的：

“倘欲修整屋宇，泥补墙壁，生辰忌日，欲设斋僧尼道士，即早辰桥市街巷口，皆有木竹匠人，谓之杂货工匠，必至杂作人夫，道士僧人，罗立会聚，候人请唤，谓之‘罗斋’，竹木作料，亦有铺席，砖瓦泥匠，随手即就。”（孟元老：《东京梦华录》卷四）

原来这些僧人、道士和杂货工匠一样，一大早来到桥市街巷口是为了承揽生意，他们罗立会聚在热闹的街巷口，等人请唤，去承接“斋醮”法会活动。

宋代社会盛行各种类型的称作“醮”的宗教仪式活动，亦称为“斋醮”。宋代的斋醮是“沟通”鬼神，实现祛灾祈福目的的宗教法会，它既有佛教的，也有道教的，甚至有僧人和道士一起参与的大型斋醮，他们为了一个共同的目的，即为委托者念经做

法，祛灾祈福。据记载，宋真宗为了给自己的次子赵祐治病，就曾多次请道士和僧人共同设立斋醮，祈求祛病降福（《续资治通鉴长编》卷五十四）。宋代的斋醮工程相当浩大，费用之巨也是相当惊人的。宫廷设醮的费用自然不存在问题，而民间为了设立一次斋醮往往要准备很长的时间，甚至数年。这样花费巨大的斋醮仪式，对于僧人、道士来说自然会是一笔不小的收入，所以他们才会和杂货工匠们一样，一大早来到桥市街巷口，承接生意。

宋代的僧道户有田产和庙产，他们还积极参与商业活动，爱钱如蜜。同时，一些大的寺庙和道观，还可以就地开设庙市，出售寺庙中生产和制作的货品，如大相国寺定期开张的庙市，是当时东京汴梁最热闹的集市。僧道户积极参与商业活动，为他们积累了巨额的财富。在“熙宁变法”之前，僧道户是免徭役和税赋的，王安石为了实现“富国强兵”的改革目标，自然不会放弃从积累了巨额财富的僧道户的手中抠银子。“免役法”的推行，其中很重要的一条就是，需要僧道户根据自己财产的多少来缴纳助役钱。

如果从这样一个角度来看，他们在图中最热闹的十字街口的出场，既是画家在草市中所捕捉到的真实的历史场景，而他们在《清明上河图》中的呈现，又或许是一种有目的的暗示：熙宁年间（1068—1077年）诸种新法施行中，僧道户的在场。

与那些站在街中心等人请唤的僧人、道士不同，从街心的左边走来一个行脚僧，他苦行僧式的装束，保留了唐代玄奘西游取经时的风貌样式，为北宋商业高度发达的市井增添了一份不同的气息。

高利润的榷香

在孙羊正店的侧面有一家香铺，少见的是，除酒肆、酒楼之外，我们在香铺的门前看到了同酒楼一样的“欢门”。欢门的彩布上书写着一行字，可惜我们只能看清楚几个字：“□□沉□□□丸□□香铺”，竖着的招牌上写着“刘家上色沉檀栋香”。

根据《宋史 · 食货志》的记载：“香，宋之经费，茶、盐、矾之外，惟香之为利博，故以官为市焉。”（《宋史 · 食货志》卷一百八十五）香，在宋代是高利润的昂贵消费商品，政府实行专卖，由榷货务统管统卖。榷货务可以通过招商客户进行分销和代理，我们在《清明上河图》中所看到的这家香铺，则应是榷货务管辖下的刘姓大户代理的分销店铺。

禁军的最后出场

“用武开边，复中国旧地，以成盖世之功。”（赵翼：《廿二史札记》卷二十六）这个强烈的功名之心，是宋神宗要求和支持变法的一个动因。而且，从王安石多次与宋神宗对谈关于变法的历史记录来看，民和兵都是他们谈话的核心，所以在《清明山河图》这样一个重要的图像中，怎么可能没有禁军的出场呢？绘画创作者即便不是有意为之，禁军作为北宋朝廷的中央军队，主要集中在京师汴梁，占当时汴梁人口的11%（薛凤旋：《〈清明上河图〉与北宋城市化》，香港中和出版社，第46页），虽然他们主要驻扎在内城和外城的军营中，但这样高的人口比例，即便在十数里之外的草市，作为一种随机的概率分布，也一定会被画家捕获到他们的身影。

在以往《清明上河图》图像的解读研究中，都忽视了禁军的“在场”。

我们在《清明上河图》画作的末端，“赵太丞家”诊所门前的大街上见到一队出行的人马。其中，一位形态威严的官员头戴宽边斗笠，穿圆领的窄袖衫袍，端庄地骑在高头大马上，手中执着一根黑杖。通过与其他宋代图像对比，如现在我们能看到的宋代图像：南宋刘松年的《中兴四将图》，以及萧照的《中兴瑞应图》，并另据服饰研究者的研究成果，现在可以清楚地推断，这种圆领的窄袖衫袍是宋代高级将官的日常着装（张蓓蓓：《彬彬衣风磬千秋——宋代汉代服饰研究》第五章）。由此可以确定，这位出城官员具有武官身份。再看他的扈从队伍，一人在前面执黑杖开道，导从四人，牵马二人，扛伞一人，挑物二人，共有扈从十人。图中扈从前面的五人头上所戴的都是卷脚幞头，这与《中兴四将图》

中岳飞身后卫兵所戴的幞头形制一致。另据《东京梦华录》记载，公主出嫁时所乘的轿子，也是由“紫衫卷脚幞头”天武官禁军抬着（孟元老：《东京梦华录》卷四）；《梦粱录》记载郊礼从行仪式，“殿前班直（禁军）顶两脚曲幞头”（《梦粱录》卷五），可见这种卷脚的幞头是宋代禁军常用的幞头形式。这种样式完全可以区别《清明上河图》中其他各色人员的幞头，所以由此可以确定武将的扈从身份也是禁军。

根据《宋史》武职官制记载，能拥有十人的扈从，武职官员应该是“捧日、天武、左右厢都指挥使、遥郡团练使”（《宋史·职官志》卷一百七十二）这样的级别，或者以上。“捧日、天武”是禁军中上四军中的两种；都指挥使是他们的最高军事指挥官；遥郡团练使是一个虚职，是不及从五品武官的荣誉贴职，一些禁军中的将官常被封赐一个外郡某地团练使的头衔，但并不担任具体实职，由遥郡升为正职称为“落阶”，需要将官走马上任。回到《清明上河图》中，画家所描绘的这个出行的队伍，从他们的装束和所携带的行李可以推测，这不应是一次短途的出游，而很有可能是禁军中的

都指挥使级别的将官到外地去“落阶”，或担任新的职务。北宋当时熟悉宋神宗时期军制变革的图像观看者，一定能从这支最后出场的禁军队伍图像中，捕捉到比我们今天的图像观看者能感知到的更多信息。

宋神宗时期最重要的军事变革除了“保甲法”外，就是“将兵法”。“将兵法”是针对北宋中叶以来，禁军的骄惰腐朽、不堪征战的现状，于熙宁年间（1068—1077年）提出的新法的一部分，它也是北宋朝廷寄以改变“积弱”现状的希望所在。

宋太祖在建国之初，为了杜绝“陈桥兵变”“黄袍加身”再次在其他带兵将军身上发生，他制定了一系列的军事改革措施，其中一条就是“更戍法”。朝廷将带兵将官与士兵分离，一个将军驻守一个地方，中央军队，也就是禁军主要驻扎在京师汴梁，需要驻防戍边时，再由枢密使派遣到各个驻地，并且隔一段时间就轮防一次，致使将不识兵，兵不识将，士兵在路途上疲于奔波，荒于训练；而且，军官的等级高低与军官的带兵数量和质量直接挂钩，遇到对敌作战时，职位低的军官带着弱兵先上，而职位高的将官“各据精兵，逗遛不进”（徐度：《却扫编》卷上），所以宋军在面对相对弱小的西夏军时也屡致挫败。后来，范仲淹镇守延州（今延安）时，发现这种制度的弊端，将自己手下的一万八千人分成六队，不按军官等级高低分配，每队选派路分都监和驻泊都监各一人，来监教人马，在诸将之下又选派一名使臣指挥负责日常训练，分批次训练，一年之后，皆成精兵。

后来“熙宁变法”，朝廷正是基于范仲淹的变革实践来完善推出“将兵法”。改禁军编制为将、部、队三级，全国总共九十二将。每将三千人，设置主将和副将各一人，负责操练军队，“使兵知其将，将练其士，平居知有训厉而无番戍之劳”（《宋史·兵志》卷一百八十八）。主将和副将的选拔，也有了严格的标准，“凡将、副皆选内殿崇班以上、尝历战陈、亲民者充，且诏监司奏举”（《宋史·兵志》卷一百八十八）。这是《宋史》中的记载，在实际操作中，主将和副将的选任，首先是由总负责一路兵民事情的经略安抚司经略安抚使主导，他负责选任合适的主将、副将人选，再上报朝廷由皇帝核准上任，或者驳回另选他人。在一些时候，皇帝也亲自安排人选，如元丰元年（1078年）泾原路经略使蔡延庆上奏，准备安排刘惟吉、张之谏充任本路的第二、第三将主将，被宋神宗驳回，而由

他改差荥州团练使刘惟吉充任泾原路钤辖，兼任第二将主将。（《续资治通鉴长编》卷二百九十一）

所以，在图像中我们看到的这支禁军将官出行的队伍，也是有可能由皇上钦点到全国“九十二将”中的某一个将去担任主将或者副将的。当然，这只是笔者基于史料和图像双重对象上的猜测，它具体的真相则永远地被掩盖在历史的尘埃之下。

回过头看整张画作，汴河上的船只载着从各地聚集而来的漕粮、木炭、盐茶、香料、锦帛等货物，以及官员、游客，他们通过虹桥正在涌向京师汴梁的方向；虹桥上的桥市和清明坊的街市中人来人往，以及门庭若市的酒楼、食店等店铺的热闹，如果这些是象征着“富民”的财富正在涌向京师汴梁的朝堂，那么这队与他们反向而行，从京师汴梁出发的禁军队伍，在这个图像的场景中与他们相遇，绝非偶然。它是另一个重要视觉符号的存在，指示着“强兵”的希望。

“意义”的历史语境已经远离今天的我们，而当时的图像观看者们却完全可以沉浸在图像符号的意义之中，他们看到了更多。但他们中间的一些人，在宋神宗和王安石相继离世，新法被推翻之后，对这幅图像背后的意义一直讳莫如深，以至于在北宋所有的史料中都找不到它一丝存在的痕迹。虽然它侥幸地流传下来，却成了一张被抹去其本来“意义”的北宋风俗画。

附录

清明上河图的五个W

What

《清明上河图》的“名”，到底如何去准确地理解它，本身就是一个使后人困惑的问题。

“名”本来是对应着“实”“实物”，是“实”的抽象和概念化的存在。《清明上河图》作品作为“实”的存在，它就在今天北京故宫博物院的馆藏中，按理说我们不需要借助于概念化的“名”来解读它，它就在那里，我们可以直接去看它，直接去感受它、理解它。

这是没有问题的，现在我们在看画时确实也是这样做的。我们直接从作品当中感受到一些重要的信息，获得自己的感受，这本身也是观看图像应该给予我们的感受。但“实”所诞生和反映的时代，已经与我们相距近千年，它对于我们来说实在是陌生的，存在着所谓的“隔”。所以，我们有些无助，又转向“名”，希望能从这里得到我们想要的信息。可惜，“言不尽意”，语言一旦离开具体的语境，便会产生歧义。

“清明上河图”也是这样，“清明”指什么？“上河”又指什么？不同的人有不同的解读。大体上，目前的研究者会将“清明”解读成三种可能，如下一页的导图所示，一种是名词的“清明”，另一种是形容词的“清明”。而作为名词的“清明”，又分为两种，作为时间名词的清明节和作为地点名词的清明坊；形容词则被解读为清明盛世和盛世的清明。

为什么会解读为清明节呢？笔者想不外是这么几种可能，

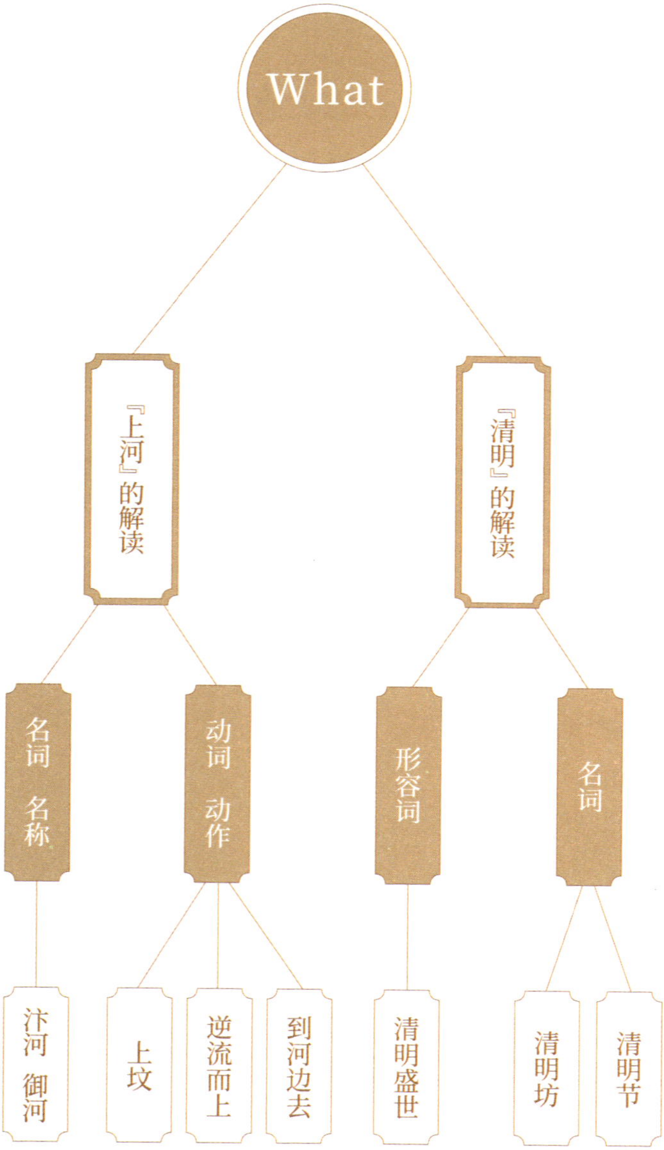
What
『上河』的解读
『清明』的解读
名词 名称
动词 动作
形容词
名词
汴河 御河
上坟
逆流而上
到河边去
清明盛世
清明坊
清明节

解读者在画面中看到的是早春的景象；貌似上坟归来的队伍；汴河在清明节后开河；漕运队伍到达汴京，开始了一年中漕运忙碌的时节。这些确实是我们在画面中可以看到的，尤其画作的开头，作者用郭熙在《早春图》中的画法，为我们营造了一幅早春的氛围：远处被雾霭笼罩的原野；刚刚抽绿的杨柳；还光着“蟹爪枝”和“鹿角枝”的寒林树杈；一队貌似是从更远的地方上坟归来的骑马和抬轿的回城队伍，在轿的周围插满了一些花枝。这些和我们从文献（孟元老的《东京梦华录》）中读到的，关于北宋汴梁清明时节的习俗相似度是如此的高。我们还在画前部分的街道快要出画面边沿的远端，看到了一家“王家纸马店”。所有的这一切似乎都在说明，这幅画反映的就是汴河周边清明时节的景象。此外，《清明上河图》画后面的第一个张著的题跋——这个提供了唯一关于作者张择端个人信息的文献——书写于清明节后一日，这似乎也在引导着我们做这样的猜想，这难道是巧合吗？

但是，有学者也指出了，在画面中还存在着许多不是清明时节的东西，如北宋的清明节与寒食节的最后一天，这一天是不能动火，全民都要食凉食的，而我们在画面中看到了不少生火的炉灶；另外，我们在画面中看到了不少光脚和光着膀子，或穿着夏季汗褂的贩夫走卒们，而如果是清明节，这是不符合实际的。北宋末期是亚洲大陆的寒冬季，也就是说，北宋时期的汴梁的冬季要比现在冷很多，即便是在早春的清明时节，也是不可能穿着汗褂上街和趴在地上睡觉的。还有更细心的学者指出一些更具体的细节来说明，《清明上河图》里存在着只能出现在秋天的事物。

这就开始困惑我们了。“清明”到底还是不是“清明节”？

元代、明代就有了一种通行的看法，“清明”是清明盛世。从画面中，我们最容易感受到的其实就是一片盛世繁荣的景象，各处无不是在歌颂着当时社会的清明政治。这种画面给予人的感觉是显然易见的。这也是画面给予每一位最初看到这张画时的第一感受，看画的第一感受是最直接的，也往往最准确。按理说，一幅优秀的风俗画艺术品就应该是这样：让观看者去感受，而不是让观看者感到困惑，逼迫他去思考。笔者相信《清明上河图》也是这样的作品，观众第一眼感受到的气息就是画家所要表达的气息。而所谓画面中所隐含的“九大危机”和“十大冲突”等，则都应该是后世学者们的过度解读。

画面的气息确实是“清明盛世”，但画家有必要这么直白地说明自己的画是在歌功颂德，拍某皇帝的马屁吗？再说用“清明”这个形容词来形容“上河”也是不妥当的吧？

所以，就有了另外一种说法，清明就是清明坊。较早提出这个观点的是河南洛阳的孔宪易，他从《宋会要辑稿》中找到清明坊是北宋时期汴梁城东最南端的一个坊名——这与汴河流出汴梁的位置相吻合。这个观点有人赞同，也有人反对，到现在一些主流的研究者似乎都不怎么提及这个观点了。但笔者认为这个观点相对于清明节和清明盛世或许更准确一些。为什么呢？笔者下面再具体来说。

再说说对于“上河”的几种解读。对于“河”的理解几乎没有歧义，大家都认同这指的就是贯通汴梁，连接黄河与江南淮河的汴河。它是北宋都城汴梁的一条生命线，当时汴梁所需要的粮食和物资绝大多数都要通过这条经济动脉来输送，所以大家这一点没有不同的看法。那么“上”字呢，有研究者说“上”是尊称，这么一条重要的河，就应该有“御河”“上河”的美称。

另一种观点是，“上河”就是“到河边去看水”。“上”是一个动作，如上街、上马。而且，还有学者找到了证据，说汴河在清明节开河这一天，市民多到河边去观景，看看开河的热闹。这似乎很有道理。我们也从画面中感受到了北宋人这种爱看热闹的性格。飞虹桥的两侧挤满了看热闹的人，就是鼓楼前的平桥上两侧也是挤满了看热闹的人，南侧有人还在逗河中浮出水面的鱼——一群热爱生活的北宋人。但是，我们如果马上认可这个观点，又会觉得有点不妥。全画所绘八百多人，趴在桥边看河景的不过数十人，所以还有七百多人表示不服，认为自己“被代表”了，所以“上河”不应该是人的动作这么表面，它应该还有另一层意思。

学者曹星原考究了“上”的古用法，并借鉴了《旧唐书》《新唐书》中的习惯用法，指出“上河”就是“逆流而上”的意思。要理解这一点，笔者需要补充一下汴河和宋代漕运的知识。

汴河是一条人工运河，连接了黄河和江南的淮水、泗水等水文复杂的水系，它从隋唐以来就是将江南的稻米运输到北方政权中心的一条重要的经济动脉。但黄河水系与江南水系的落差较大，据沈括的《梦溪笔谈》记载，从汴河流出汴梁的东水门到泗州，落差在64.95米。而且，汴河处在内陆，没有可以借助航行的季风，所有在汴河逆流上行的船只都没有风帆，而只有需要靠人拉纤牵引的桅杆，所以一个“上”字能形象地概括出汴河上的船只逆流而上的艰辛。

而且，在全幅作品中，画中有二分之一的空间在围绕汴河的漕运，以及与漕运有关的商业活动而展开。“漕运”与汴河是《清明上河图》中的一个重心，所以“上河”应该是漕船在汴河中逆

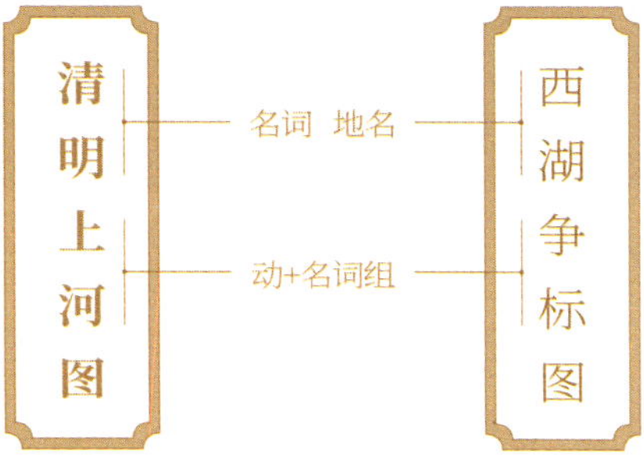

水而上的场景。

另外，对于中国人自古以来的审美，视觉的对称和文字语言上的对偶，都是我们比较喜欢的，以及需要遵循的规律。长辈给晚辈取名是这样，创作者给自己作品中的人物起名或者确定作品本身的名称也是这样一个原则，能追求对偶完美的，就一定让它完美，这中间自然会多出一份美感来，如《水浒传》中王英的绰号是“矮脚虎”，他的老婆扈三娘定然要有一个“一丈青”（长黑蛇）这样的绰号才够般配。地方和事物取名也是这个思路，有崇文，必然有个宣武，这样才够端正。在这样文化熏陶下的画家张择端，自然也会有这个思维的定式。

如图所示，我们将张择端的两幅作品的名称放在一起，就一目了然，不再需要笔者过多的说明了。前面两个字是作为地名的名词，后面两个字是一组动名词结构的词组，这样理解《清明上河图》和《西湖争标图》，才觉得两者是一个画家画出来的。

通过这样一个系统的分析，我们似乎清楚了《清明上河图》“名”的实际所指了。

When

其实，“时间”在中国画中从来不是一个问题，尤其是有着中国特色的手卷。理解了中国画本身包含在内的时间轴，就不会再产生绘画中所描绘某个时间点的争论。之所以在《清明上河图》中存在着季节之争，笔者想首先提出这个问题并思考这个问题的人一定是个“老外”。一个不熟悉中国画本身创作规律的“老外”，他们满脑子是看《最后的晚餐》时，耶稣在宣告“你们中间有人出卖了我”的特殊时刻，以及大卫将投石器放在肩上准备抛出的瞬间动作，这样的一个思维定式，他们期待着在《清明上河图》中也能看到这样一个伟大的时刻。虽然他会是一个研究中国画的专家，但他终究还是一个生活在中国画语境之外的局外人。他首先提出了《清明上河图》中的季节问题，于是时间也就成了研究的一个主题。国内学者们是被带着走的，也开始了自己对于《清明上河图》中季节的思考，并从图像中寻找能自圆其说的图像证据，从而有了“清明节”和“秋景”之说。

中国画从来就是“可游、可居”的，画中人有时会在画中不同的地方多次出现。画面之中隐藏着一条可以感知的时间线，画中人是随着时间线在画面中游动；看画的人在画面之外也存在着这样一个可游的时间线，随着画幅的逐渐展开与合上，他的视线代替他的身体，让他身临其境，在画面中移动，“身即山川而取之”。所以，中国画没有西方绘画那个固定的视点，它是一个移动着的

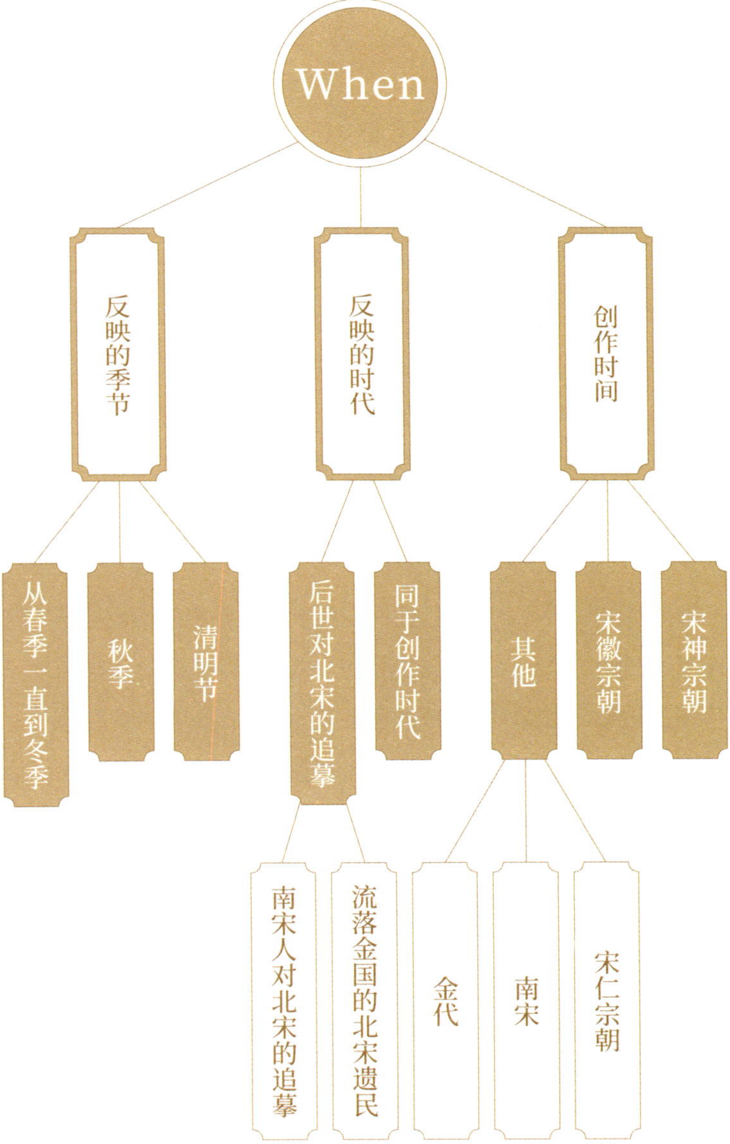
When
反映的季节
反映的时代
创作时间
从春季一直到冬季
秋季
清明节
后世对北宋的追摹
同于创作时代
其他
宋徽宗朝
宋神宗朝
南宋人对北宋的追摹
流落金国的北宋遗民
金代
南宋
宋仁宗朝

变动视觉，绘画者可以在一幅画中画出四季来。山水画如此，就连那些时空特征不那么突出的花鸟画也是这样。唐代画家兼诗人王维就曾画过一张《雪中芭蕉》，你能说“安史之乱”后的唐朝季节反常了吗？所以,《清明上河图》中的季节问题也不应是一个问题。

为了更好地理解它，我们可以做出这样的一个假想：

从一个画家的角度来看《清明上河图》中的时间问题,《清明上河图》不是在一天中画出来的——笔者为亲身体念而将《清明上河图》临摹了一遍，而且还是利用电脑软件和手绘板这样一些便利的现代工具，也整整花费了两个多月的时间。这才深切地体会到，张择端在创作这幅作品时的艰辛，和所要花费的时间——画家从构思、创作、打稿、誊稿、描线到层层染色，还不包括绷绢等，这些只是基本的工作。如果所有这些工作都由画家一个人来完成的话，没有一整年甚至更长的时间，是没有办法完成的。我们可以来设想一下画家的创作过程：如果画家要纪实地将某个地域画下来的话，他会选择在某个时候，比如早春时节，来到他要画的地方，并住下来——或许画面中的某个身影就是画家本人，因为无论是中国画家还是西方画家，他们都习惯性地将自己藏在自己作品中某个不显眼的地方，来求得存在感——他首先要熟悉它大体的地理位置，河流的走向，街道的布局，来构思自己画面的格局。其次，画家会仔细熟记建筑的结构和船只等，熟记他所要表达主体的物质结构和特色，他会在脑海中凭借着自己非凡的视觉记忆来铭记这一切；他甚至会随身携带写生的工具，将这些画下来，回到室内后，再将这些图像画在一张张的草稿纸上，一段一段地画，为后面在绢上誊稿做好准备。这样一个主体框架在草稿中逐渐形成之后，画面已经在他的脑海里基本上构成了一个大体的布局，前面是郊外，它还笼罩在早春的雾霭之中，近处和画面前半段是主角：汴河的河道和漕运的船只——他要表现的第一个主题——以及沿着河道展开的街道，飞虹桥这个最抓眼球的形象要安排在画面的中心位置——它是画面中的一个高潮，也是一个过渡——过了飞虹桥就进入鼓楼(望火楼)前的大街。在这里汴河北去离开画面，画面的重心转向他此次创作的另一个需要关心的场景：集市内的繁华商业场面。在税务所前的高高鼓楼，再次将画面分割开，形成内外两段空间，也让画面在此处进入一个更加紧密的节奏中。此后，将自己所要表现的元素巧妙地安放在画面的街景中。在这样的一个构思之后，估计时间已经是清明节后的一个多月了。画家开始在街道上逡巡，寻求能入画的人物和形象。这个工作是漫长的，边构思，边寻找，边记录下来。这样下来，时间已经进入夏季，许多身着夏装的人物也就随之进入了画家的草稿之中，草稿一天天地增多，人物也一天天地挤满了画面的空间。差不多可以在绢上誊写线描稿了，这个工作完成后，时间已经是秋天，眼看一年的时间就要过去，需要提高画作的进度。一些需要用界尺描画的地方，为了加快进度，也只好徒手描线快速地画完了。此外，为了将画面中几处空白的地方补上人物，画家再次走向街道，此时一些酒肆已经挂上了秋季上“新酒”的幡子。中秋节临近了，画家在汴河的北岸看到一对老年夫妻，他们骑在毛驴上正在赶路。为了抵御河道边的凉风，他们下意识地将自己身上的头巾和衣服裹得更紧了。这一幕深深地映入画家的脑海中，当再次回到画布前时，他毫不犹豫地将他们描绘在画布的前端，让他们从画面走向远方。当他完成这一组人物时，深知这幅作品的所有构思差不多就完成了，余下的工作就是一层层地在绢上染色。这个工作估计还需要两个多月的时间，但画家可以离开现场，回去完成这些后续工作。

这是笔者从一个画家“追体念”角度出发的一段构想，绘画的过程或许并不是这样。有人甚至会反驳，中国古代画家从来都不会从事现场写生，他们都是靠着极强的视觉记忆力，来完成绘画的创作。确实，古代画家，尤其一些天才人物有着极强的视觉记忆能力，比如明代的董其昌就能在看过一张画后，回去凭借记忆将它默画出来，而且让人分不出哪是真本哪是摹本；又如明代浙派画家戴进能凭借视觉记忆将只见过一面的挑夫准确地默画下来，并凭借挑夫画像将自己的行李找回来。笔者确实相信这种天才的存在，但并不相信《清明上河图》是这样画出来的，不相信画家只是在一天中将所有的场景和人物像相机一样印在脑海中，然后慢慢地在近一年的时间中画出来。所以，明白了这一点，我们还要讨论《清明上河图》到底是在描绘清明节的春景，还是在描绘秋景吗？这样的观看只能暴露争论者对于中国绘画创作的不熟悉。

说一句调侃的话，《清明上河图》不是一天画出来的，所以它不会只记录某一天的特殊时刻和场景。

当季节不是问题的时候，其实还有一个更大的问题在困扰着我们——《清明上河图》创作的时代，这也是目前学术界争论最大的问题，也是最没有把握和定论的一个问题。但我们的一些官方资料上却倾向于认为：《清明上河图》绘制的是宋徽宗时期“丰亨豫大之世”的汴梁景象。其实这是不准确的。学术界并没有一个定论，也没有更直接的证据来证明《清明上河图》所反映的时代就是宋徽宗时期。

目前，学术界几个主要的观点，如前面导图所示，可以总结为五种可能：宋仁宗时期、宋神宗时期、宋徽宗时期，以及北宋之后的金国和南宋时期。

笔者认可的观点将在下文中另辟一段来阐述。我们需要通过更多的分析来给《清明上河图》找到一个适合它诞生和存在的历史大背景，也就是说，为它找到一个“合理的存在”的理由。但有一点可以肯定的是，《清明上河图》中的图像反映的是十一世纪末或十二世纪初北宋高度发达的商业文明所呈现的景象。

Where

我们在第一部分解读《清明上河图》的名称时讲到，“清明”被解读为“清明节”和“清明盛世”似有不妥，更靠谱的应该是一个地名——清明坊。这是笔者和一少部分研究者的看法。更多和更加普遍的看法还有几种。笔者有必要一一列举，并说明这些看法所疏漏的地方。

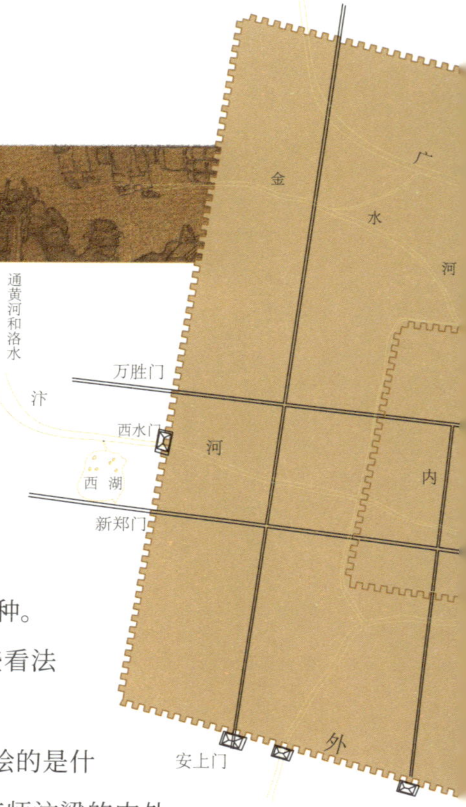

为了说明《清明上河图》所描绘的是什么地方，我们先了解一下北宋时京师汴梁的内外城和汴河的地理位置。如图所示，汴梁在皇城之外另有两层城墙，分别称作内城和外城。内城城墙在后周柴氏政权之前就已经存在，方圆二十余里；外城则是后周柴氏在内城之外建的罗城，宋初在后周的罗城基础上翻建，加宽加厚成为汴梁最重要的一道城防——外城，方圆四十余里。汴河从黄河的洛口开口引水入河道，从西北方向到达汴梁，汴河从外城西面的西水门（河岸南北两侧另有大通门和宣泽门供行人、车马通行）和内城的西角门子边的水门流入汴梁，在流经汴梁当时最繁华的商业街区后，通过内城的东角门子边的水门、外城的东水门（河岸南北两侧也各有一道上善门和通津门）流出汴梁，一直向东南而去。据沈括实测，大约八百四十里又一百三十步，在江苏泗水的地方，汴河与淮水相接，打通了南北相通的运输主动脉。

汴河从东水门外七里至西水门，河上共有十三座桥。东水门外七里的那座桥是一座飞虹桥，因桥没有柱子，在两岸由巨木利用力学原理搭建而成，再刷上红漆等装饰，宛如天上的飞虹，所以被称为飞虹桥。这样的桥在汴河上还有很多，是为了便于河道中的运输船只的通行，不至于使船只在行驶过程中撞毁桥柱，也避免了洪水冲击桥柱而毁了桥梁，这种先进的技术是为了方便汴河的漕运，所以汴河上还有很多这样的飞虹桥。而外城七里之外的飞虹桥，位置特殊，因为它是驶进汴梁最为重要的标志，所以这座飞虹桥又特称虹桥。从虹桥往西北入汴梁外城，在城外还有一座顺成仓桥；进入东水门里，先是

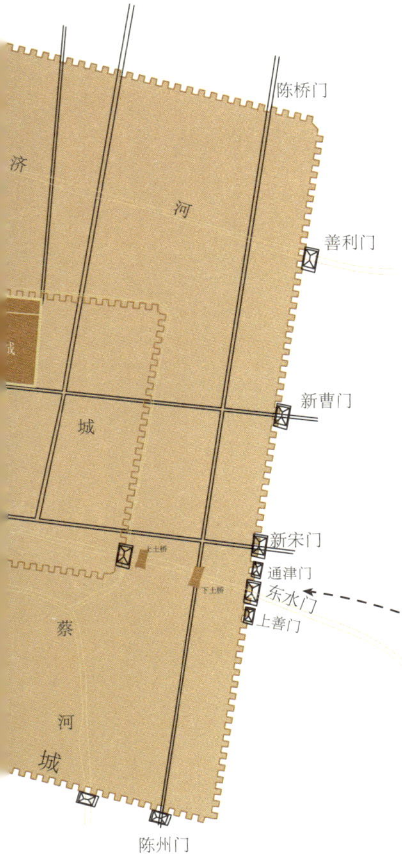

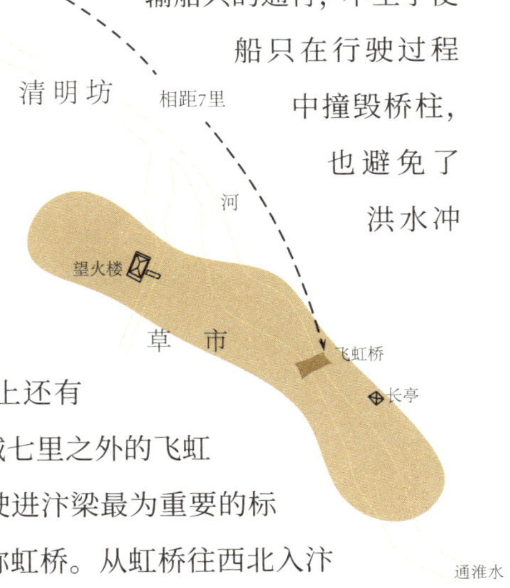

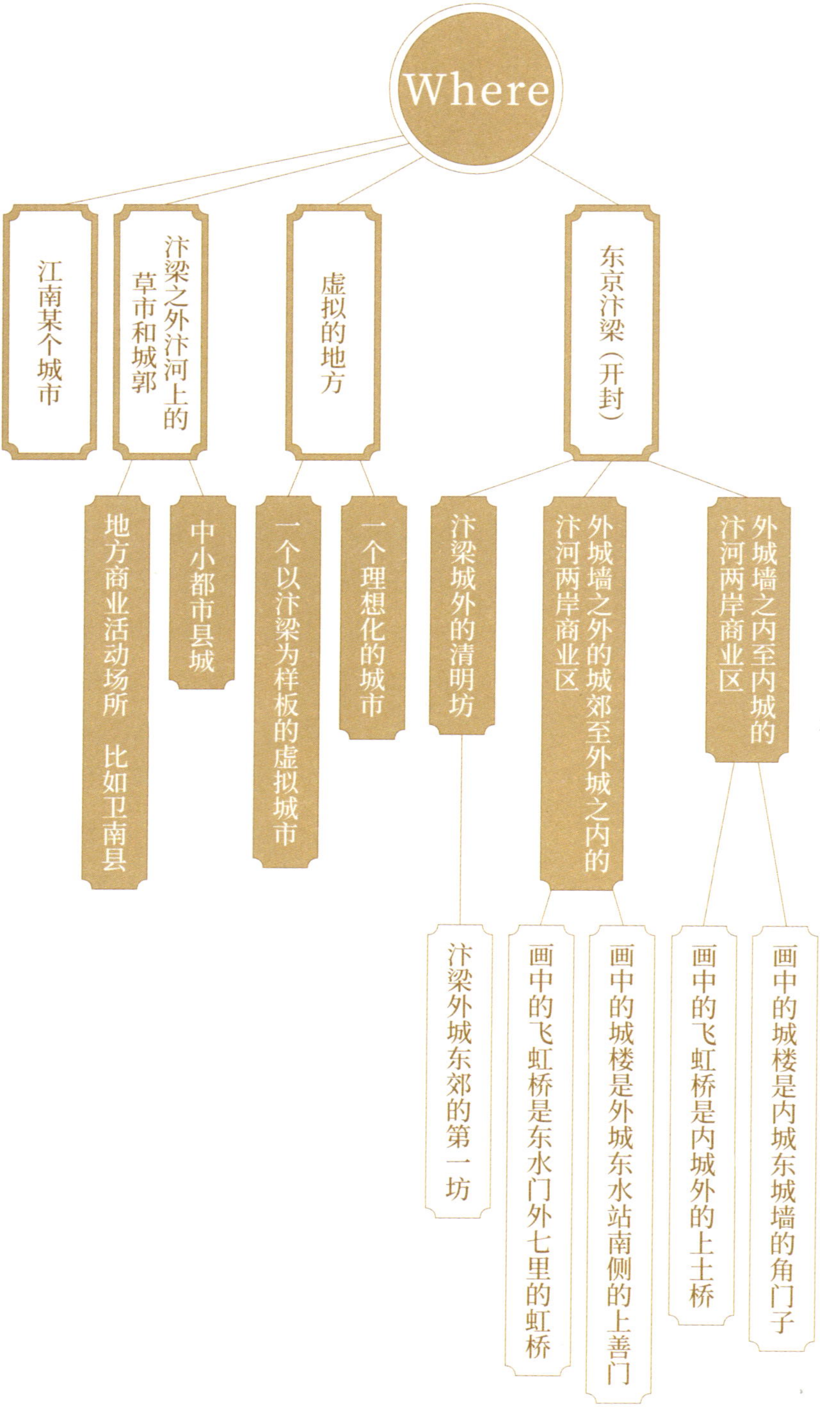
Where
江南某个城市
汴梁之外汴河上的草市和城郭
虚拟的地方
东京汴梁（开封）
地方商业活动场所　比如卫南县
中小都市县城
一个以汴梁为样板的虚拟城市
一个理想化的城市
汴梁城外的清明坊
外城墙之外的城郊至外城之内的汴河两岸商业区
外城墙之内至内城的汴河两岸商业区
汴梁外城东郊的第一坊
画中的飞虹桥是东水门外七里的虹桥
画中的城楼是外城东水站南侧的上善门
画中的飞虹桥是内城外的上土桥
画中的城楼是内城东城墙的角门子

一座便桥，紧接着是下土桥和上土桥，这两座桥也是同虹桥一样的飞虹桥。过上土桥，就进入内城东角子门边的水门，直接进入汴梁的中心商业区。通过介绍，我们清楚了《清明上河图》中所绘的飞虹桥，并不是外城外七里的地方特有，内城与外城之间也还有两座这样的桥，在汴河或者汴河之外的其他河流中也会有这样的桥梁。所以，单一的飞虹桥不仅不能为我们确定《清明上河图》所绘制的具体地理位置，反而给我们带来了困难，因此也成为今天研究者争论的一个焦点。

第一种观点出来了，包括故宫介绍《清明上河图》的官方资料也认为，它描绘的是汴梁外城墙之内至内城东角子门之内的汴河两岸的商业区。画中的飞虹桥就是接近内城墙的上土桥，而我们在画中看到的类似城墙门楼的高建筑就是内城墙东侧的角门子，画面前端所描绘的郊外场景，则处于外城墙之内。

第一种观点有着更广泛的认同度（笔者综合自己所阅读的文献得出的看法），认为画中的郊外就是外城之外的郊外，飞虹桥是外城外七里的虹桥，而画中所见的类似城墙门楼的建筑就是外城的上善门（外城东水门南岸的城门）。

还有几种说法认为这是一个虚构的地方——在汴梁边上找不到这样一个准确的位置，这是汴梁之外的某个城市的草市，北宋的手工业和商业高度发达，在全国各地均有可能存在着这样繁华的草市和城郭。笔者认同其中的一些观点，认为在北宋这样商业高度发达的时代，其他地方是完全可能存在着这样的商业交易场景的。而且，对照完成于南宋的《东京梦华录》所记载的东京汴梁，我们会轻易地感觉出来，《东京梦华录》中所记载的汴梁的繁华程度其实远超在《清明上河图》中能看到的。画中还是过于简单和单一，没有将《东京梦华录》中所陈述的繁华的十分之一表现出来，因此笔者也产生过这样一个认识，《清明上河图》所绘的不是汴梁这个城市，而是汴河上其他某处的草市和城郭。这就像文学陈述技巧——一个微不足道的地方草市都这么厉害了，那么作为首善之区的汴梁呢，它的繁华就可想而知了。后来，笔者纠偏了自己的认识，认为《清明上河图》的创作背后隐藏了一个重要的政治目的。笔者开始改变了自己的看法，认为这幅画就是反映汴梁城外的场景。但笔者还是不完全认同前面两种主要的观点，他们的认识和观点存在着明显的漏洞。

在笔者的论证之前，我们需要接受一种观点的预设，《清明上河图》所绘的就是“历史的真实”，它的出发点就是要表现一种“真实”，无论它的出发点是为了某种个人目的还是政治目的——这是不容置疑的，它的创作背后一定隐藏着某种目的性。一旦我们认可了这一点，我们就可以肯定这幅作品在努力反映一种“历史的真实”，它是“真实”地记载着某个地方的实景。也只有这样，我们才有继续讨论下去的必要。不然就像我们面对王维的《雪中芭蕉》来讨论唐代的季节反常一样是可笑的，文人的一时遣兴之作是不同于《清明上河图》这样花费创作者巨大心力的叙事性绘画的。“中国历史上的风俗画、人物画及故实画在很大程度上进入了社会服务功能，参与了对社会问题的注释、弘扬。”（曹星原《同舟共济——〈清明上河图〉与北宋社会的冲突妥协》77页，浙江大学出版社）

对于第一个观点，笔者想指出的是，首先，我们没有证据说明画中的飞虹桥到底是上土桥，还是汴河上其他的飞虹桥。但是，我们可以指出的是，画中那个类似城门楼的建筑不是内城东墙的角门子，而是一座孤立存在的鼓楼。北宋内城墙沿袭唐代汴州的城墙，它是节度使李勉所建，周长二十余里。城墙建筑是当时唐代一座重要的州城墙，史载，它的修建还引起了当时周边割据藩镇的恐惧。经历五代十国的战乱，在后周时期又多次加固。到北宋时期虽然有了外城这道主要的防御屏障，但依然是皇城的第二道防御屏障，从宋太宗到宋神宗都有下诏修葺的记载。虽然在北宋晚期（主要是宋徽宗时期）疏于修葺，存在局部的坍塌现象，但到金代时期，内城依然还是一座完整的城墙。图中的门楼很显然不像外城城墙上的门楼，它的两侧虽然用土堆堆砌成为一个类似土城墙的样子，但在它的上端，我们可以看出它并没有延伸，而是在河边戛然而止了，不成为一座完整的城墙。两侧的土堆倒是像有意堆砌起来以阻挡道路，不便商人通过的障碍，是为了方便门楼前的税官收税而临时堆砌起来的路障。城门楼上是一个人和一面大鼓，室内的地上铺着毡子，墙上挂着卷轴的字画，显然这不是一个供守备用的汴梁内城的某座城门楼。从后世的图像资料中，我们可以发现在一般的中等县城中也能见到这种外形类似的建筑，它在明清时期被称为谯楼，也就是我们常说的鼓楼，如《武进阳湖县志》所示的谯楼——但需要特别注明的是，《清明上河图》中鼓楼的作用不同于唐代和北宋前期的街鼓，也有些区别于明清时期报时的鼓楼，这在下文中会有专门的说明——它是一个

孤立的建筑，没有城门楼那种供骑马上去的跑道和延伸至城墙的宽的过道，而只有两侧的台阶供人上下。所以，从这一点上我们就可以否定，这个门楼不是汴梁内城的角门子，飞虹桥也不是上土桥。图中所绘的热闹也就不是汴梁城中的热闹了。

对于第二个观点，认为《清明上河图》的场景是汴梁外城之外和外城之内的部分景象，笔者认为这只有部分是正确的。他们的认识就是，画中的飞虹桥就是著名的虹桥，图中的门楼就是外城东水门南侧的上善门。还记得我们前面的预设吗？笔者假定这是一种“历史的真实”，作者在创作时就一定会照顾到当时的地理实际情况。我们清楚著名的虹桥在汴梁外城的七里之外，而画

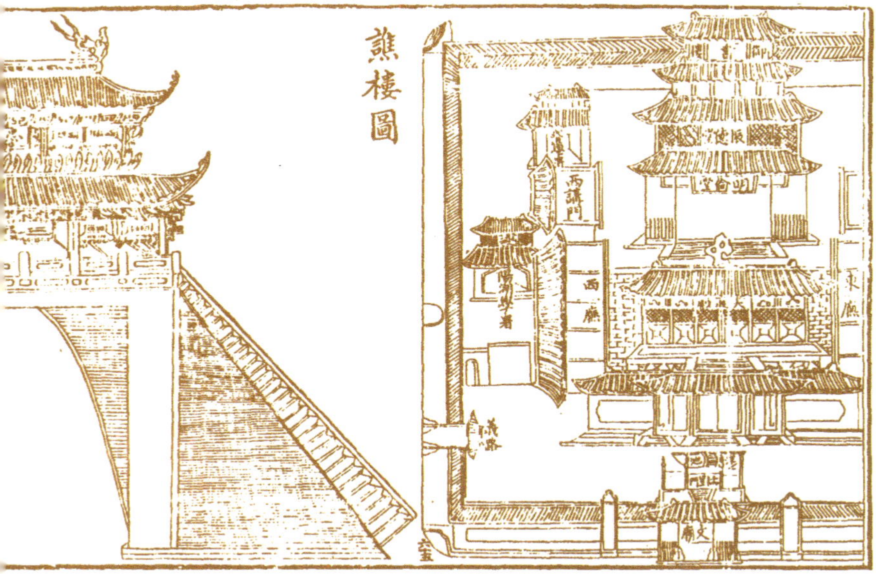

中所绘虹桥距离门楼不过几个建筑的距离，数十米而已，所以从这点来看，它是不符合“历史的真实”的。门楼一定不是外城的上善门，画中所绘的门楼内的热闹也不是汴梁外城之内的热闹。另外，我们还有一个重要的证据来说明，这个门楼不是东水门南侧的上善门。文献和今天的考古资料都能证明，上善门是一座有着两重到三重的外墙构建成的瓮城（或称作拐子城），它是为了加固城门的防御而建。史载，靖康年间（1126—1127年）金军攻打汴梁时，也正是先用重炮击垮了上善门前的瓮城，再踩在倒塌的瓮城的城砖攻上外城的。所以，从这些资料显示，我们所见的门楼千真万确不是外城墙上的上善门。

它有可能是外城墙外的第一厢第一坊中的某一个望火楼。为了进一步说明这一点，我们首先要了解一下宋代的厢坊管理制度。在宋代之前，中国古代的城市管理最具特色的是里坊制，人聚居在里坊之中，外有围墙，早开晚闭；市场设在固定的市区，也是按时开放和关闭。城市实行宵禁，过了规定的时间，还在街道上行走会受到盘问和处罚。到了宋代，坊间的外墙被毁除，以前被封闭于坊墙内的房屋直接面对开放的街道，现代样式的临街商铺商家才正式出现——但另一个城市问题也由此出现，“侵街”现象，坊间的百姓在自己的房屋前私搭乱建——多么的现代。这样坊间管理也就变得更加复杂起来，加上宋代汴梁人口由于特殊的禁军制度和工商业的发展所带来的流动人口变得稠密起来，原来的县、府一级的直接管理变得应接不暇，公事常常被堆积和延误。为了解决这一矛盾，一个新的城市机构产生了——厢，它介于县、府与里坊之间，行使基层的城市管理功能。汴梁城内分八厢一百二十坊，每厢下属八坊到二十多坊不等；城外九厢，每厢一至二坊。宋代汴梁的厢坊划分大体是以人口为准，城外地广人稀，所以一厢下属至多二坊，城东更因为有许多园林，被分为三厢，每厢一坊，共三坊。据《宋会要汇编》记载，南边的第一坊就是清明坊。它的区域没有准确的记载，根据汴梁其他城内厢坊的划分习惯，可以推断它可能是以外城东墙的新宋门、新曹门出城大道的延伸方向为界限。而且，由于汴梁城东有许多皇家和私家园圃，愈加地广人稀，所以它的范围很有可能将城东七里之外的虹桥也包含在这个坊区内。这样就很吻合《清明上河图》所绘的地理方位，汴河出汴梁外城所流经的区域——全部处在清明坊内，用它所处的地区来定名画作的名称也就顺理成章了。

那这个门楼为什么一直在研究者眼里应该是一座城墙（或内城或外城）的门楼呢？因为它如果是望火楼的话，实在是太高大上了，谁会把这么一个宏伟的建筑想象成北宋时期最普通的市政设施呢？正因为在这样一种思维的引导下，还有学者一直将远处园圃边上的长亭误以为是望火楼，并把它当作北宋末年疏于城市管理的最直接证据。

综上所述，我们逐渐明晰了这样一个认识，《清明上河图》没有反映汴梁城内的景象，它表现的全部是汴梁城外的景象。我们在图中所看到的飞虹桥虽然还是那座著名的虹桥，但我们看到的门楼不是以往习惯认识的城楼，它只是一座当时汴梁城内城外各厢坊里到处存在的建筑，但这个时候它还不叫鼓楼，而有个专门的名称——望火楼——关于望火楼，我们在前文已详细说明过。

如果果真是笔者所说的这样，那么问题来了，画家要表现北宋的商业繁华，为什么不选择最繁华的地段，如我们从文献中所熟知的相国寺前的街区呢，却低调地选择距离皇宫约二十里之外的草市呢。这就导出了另外两个W：why和who。

why和who

如下一页的导图所示，笔者想将这两个问题放在一起讨论。关于这两个问题以往研究者的不同意见，被笔者绘制在下面的两个导图中，一目了然，不再需要过多的文字赘述。

笔者想带领大家思考一个与上一节所遗留的有关的问题，以及和这两个W相关的另一个新问题——《清明上河图》的创作是否存在着一个被忽视的支助人（赞助人），也就是这么一系列的问题——为什么要创作这一幅画？这幅画是为谁创作的？它的观看者是谁？是谁资助了画家来画这张画？为了更好地厘清自己的思路，并便于读者理解，笔者同样绘制了一张导图，如239页图所示。

这个导图的思考出发点，就是“为什么要创作这一幅画？”现在想来，《清明上河图》是一幅特殊的画，回顾一下我们今天所能见到的流传下来的宋画，首先来思考一下，这张画的身份标签被后世定义为风俗画，在我们所知的所有北宋“风俗画”中，是否存在着一张与此类似的画呢？至少流传下来的画中，我们可以确认是没有这样类似的作品的，它几乎是艺术史上的一个孤例（当然我们排除了那些没有流传下来的作品，比如《西湖争标图》），甚至我们在北宋画学的分类中，也很难界定它的位置和归属。

“它就是这样孤独地存在于中国绘画史中，它的存在和出现必然有着自身的历史原因。或许这样的思考才是我们找到正确解

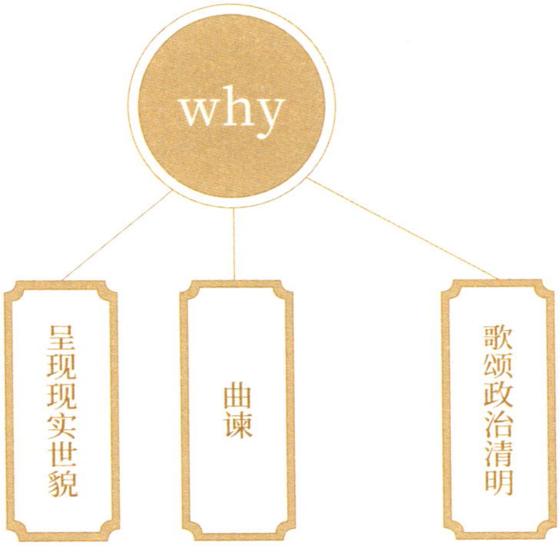
why
呈现现实世貌
曲读
歌颂政治清明

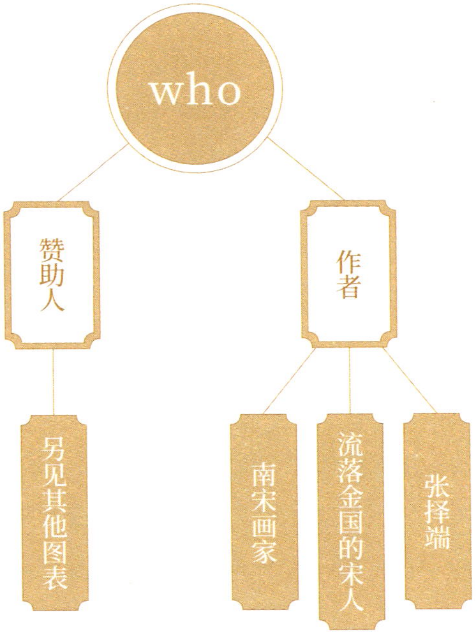
who
赞助人
作者
另见其他图表
南宋画家
流落金国的宋人
张择端

读它的一条有效途径。”

刚才笔者在前面说了，在整个宋代的绘画中，找不到一张类似《清明上河图》的绘画，其实这是一种武断。在一些没有流传下来的绘画中，至少有一幅是和它有着反向的相似性，它就是决定了王安石第一次被罢相的众多因素中，最为野史所乐于记载的，即宋神宗熙宁七年（1074年），安上门监官郑侠所呈献的《流民图》。

根据《宋史·郑侠传》记载，郑侠是福建福清人，后随父官居江宁，闭门苦学，王安石知其名，后进士及第，在地方做参军。当时王安石执掌朝政，郑侠所请多有回复。郑侠十分感激，视王安石为知己，欲尽忠报恩。后来外任期满，郑侠来到都城汴梁，却因与王安石政见不合，并未得到重用，只做了监管外城安上门的一个小官。是否心生怨恨不得而知，郑侠后来与王安石等变法派大臣渐行渐远，并受保守派冯京等人的暗中指示，多次上书攻击变法，并绘制《流民图》假称密件急书直接送到银台司，并说：“去年大蝗，秋冬亢旱，麦苗焦枯，五种不入，群情惧死；方春斩伐，竭泽而渔，草木鱼鳖，亦莫生遂。灾患之来，莫之或御。愿陛下开仓廪，赈贫乏，取有司掊克不道之政，一切罢去。冀下召和气，上应天心，延万姓垂死之命。今台谏充位，左右辅弼又皆贪猥近利，使夫抱道怀识之士，皆不欲与之言，陛下以爵禄名器，驾驭天下忠贤，而使人如此，甚非宗庙社稷之福也。窃闻南征北伐者，皆以其胜捷之势、山川之形，为图来献，料无一人以天下之民质妻鬻子，斩桑坏舍，流离逃散，遑遑不给之状上闻者。臣

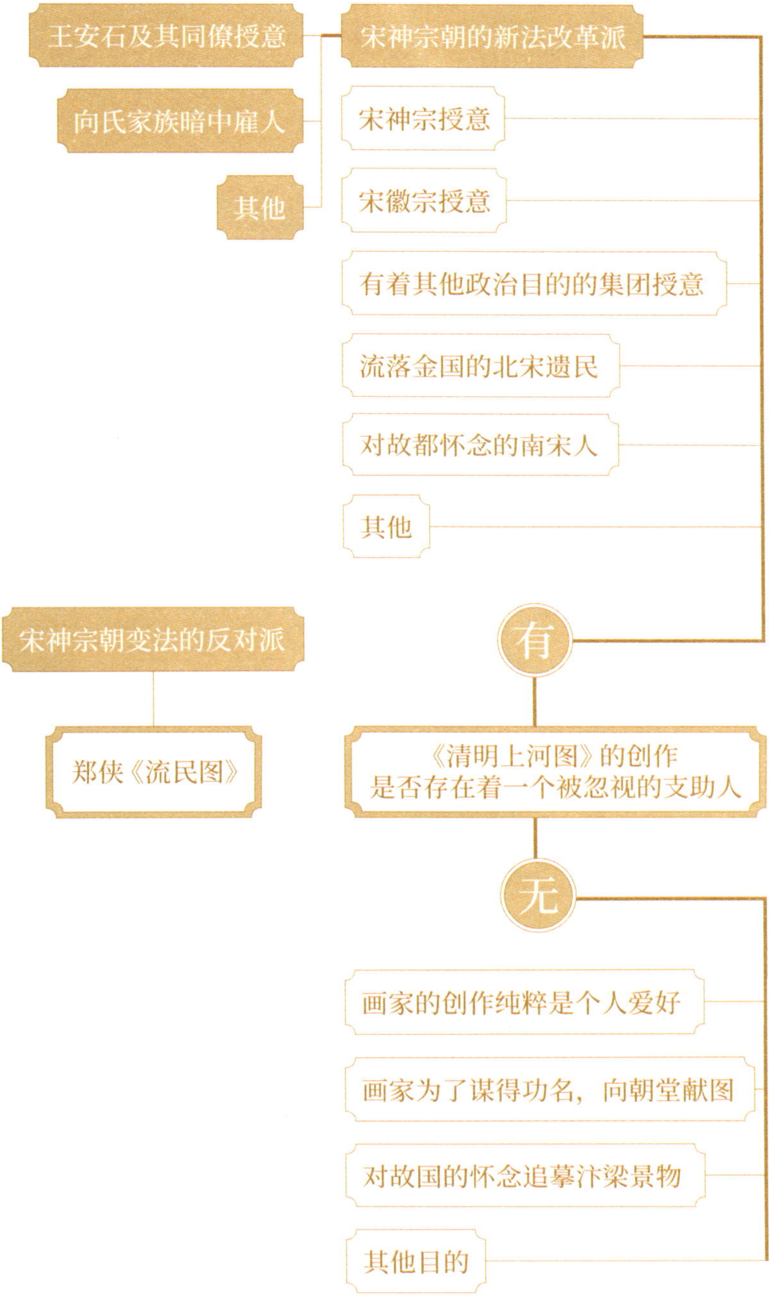
王安石及其同僚授意
宋神宗朝的新法改革派
向氏家族暗中雇人
宋神宗授意
其他
宋徽宗授意
有着其他政治目的的集团授意
流落金国的北宋遗民
对故都怀念的南宋人
其他
宋神宗朝变法的反对派
有
郑侠《流民图》
《清明上河图》的创作
是否存在着一个被忽视的支助人
无
画家的创作纯粹是个人爱好
画家为了谋得功名，向朝堂献图
对故国的怀念追摹汴梁景物
其他目的

谨以逐日所见，绘成一图，但经眼目，已可涕泣。而况有甚于此者乎！如陛下行臣之言，十日不雨，即乞斩臣宣德门外，以正欺君之罪。”

为了了解这幅只存在于文献中，没有流传下来的画，我们有必要补充一点历史知识：“熙宁变法”和“元丰改制”。

北宋第六位皇帝赵顼，死后赐予的庙号为神宗，“民无能名曰神”，也就是无法评说的意思。这位在位十八年的皇帝，所干的大事就是用自己的毕生精力改革变法。宋神宗赵顼十九岁（1067年）即位，这就可以看出他是一个有理想、有抱负、有极强主人翁意识的皇帝，他要改变北宋王朝“积弱积贫”的局面，收复汉人燕云十六州的疆土，来实现祖宗的愿望。在他还是太子的时候，他就有意识地在百官中物色能帮助自己实现这一愿望的大臣，王安石在一众大臣中脱颖而出。在宋神宗继位的第二年（1068年），王安石就被委任为参知政事（相当于副宰相），开始参与朝堂大事。为了改变北宋王朝“积弱”的局面，宋神宗想动兵，想收复北方的失地完成祖宗的夙愿，想改变拖沓臃肿的北宋官吏队伍，还想改变百姓的生活，这一切首先就是要有钱，要国库充裕，能让他大展身手。钱从何来？与民争利——这是后世有话语权的文人对宋神宗改革的界定。但是，他真正的出发点是与大商人、大地主、士大夫贵族阶层争利，所以他一系列新法的推行，才会受到层层阻拦，包括后宫的太后、太皇太后、自己的皇弟们，他们不能理解，好好的祖宗之法，为什么就要改变呢？最后，在宋神宗身后变法的最直接的破坏者就是他的母亲高太后。宋神宗一驾崩，垂帘听政的高太后就挟持年幼的宋哲宗，起用司马光、苏轼等旧党，将宋神宗推行了十八年的改革完全推翻，颠倒重来。这个折腾，还将宋神宗时期通过战争夺回来的土地也送了回去，国库再次空虚起来。

文彦博回怼宋神宗的一句话，能很好地概括宋神宗“熙宁变法”所面临的困境和改革所触犯到了哪些阶层的利益：皇上是与民同治天下，还是与我们这些士大夫一同治理天下？

改革一直阻力重重，但幸运的是，宋神宗矢志不移地要推行改革，而上天又赐给他一个“拗相公”王安石，改革才能这样在阻力中砥砺前行。

可天不遂人愿，宋神宗在位时期赶上华北地区涝灾、旱灾不断，加上改革匆匆上马，推行改革的官吏队伍还没有完全建立起来，改革的措施在一些地方被变相地扭曲，以致民怨载道，天灾人祸，老百姓流离失所，各地流民涌进京城——需要指出的是，华北的旱灾并非局限在北宋的疆域，此时北宋的北方敌国契丹也同样在饱受着旱灾的侵扰。保守派所谓的天灾因人祸而起，直指变法触怒了上天的指控是不符合事实的。

我们今天已经没有办法再看到郑侠图中的流民惨状，或许只能从美术史上其他的《流民图》中找到一点提示——如宋代周季常的《五百罗汉图：施财贫者》、现代蒋兆和的《流民图》——但可以肯定的是，郑侠的《流民图》作为图像的震慑力是巨大的。宋神宗在收到郑侠的图画后，反复看过多次，并将《流民图》放进袖中，“长吁数四，袖以入。是夕，寝不能寐。翌日，命开封体放免行钱，三司察市易，司农发常平仓，三卫具熙河所用兵，诸路上民物流散之故。青苗、免役权息追呼，方田、保甲并罢”（《宋史·郑侠传》卷三百二十一），开仓放粮救济灾民是首要任务；其次就是宋神宗在太后和皇弟们的哭诉下，也开始动摇了变法的决心。

也就是这样一幅绘画，在改变着王安石等改革派的命运，王安石上书求皇上罢黜自己的宰相职务。虽然宋神宗没有直接将这件事情归责到王安石身上，但一个月之后，王安石还是黯然地离开了汴梁。新法在一帮变法派众臣“相与环泣于帝前”，才得以继续。

变法最大的反对派其实是来自宋神宗的身边——宋神宗的母亲高太后，也是宋神宗之外《流民图》或者《清明上河图》最直接的观看者——她是宋太宗时期以武功起家的高琼的后人，对于宋神宗变祖宗之法常表示不满，并将这种不满迁怒到王安石等变法大臣身上。

她在熙宁七年（1074年）看到《流民图》时，就曾与宋神宗的弟弟岐王赵灏一道痛哭流涕，并向宋神宗劝说：

“祖宗法度，不宜轻改。民间甚苦青苗、助役，宜悉罢之。王安石变法乱天下，怨之者甚众，不若暂出之于外。”（《续资治通鉴长编》卷二五二）

高太后在反对变法中，重点提到了“青苗钱、助役钱”，也反映了她从自身利益出发对于变法的态度。这两项新法的颁布直接触及了皇亲贵戚家族背后的利益，一些皇亲贵戚家族有不少本身就是兼并大地主，他们在各州府拥有巨大的庄园；在颁布“青苗钱”

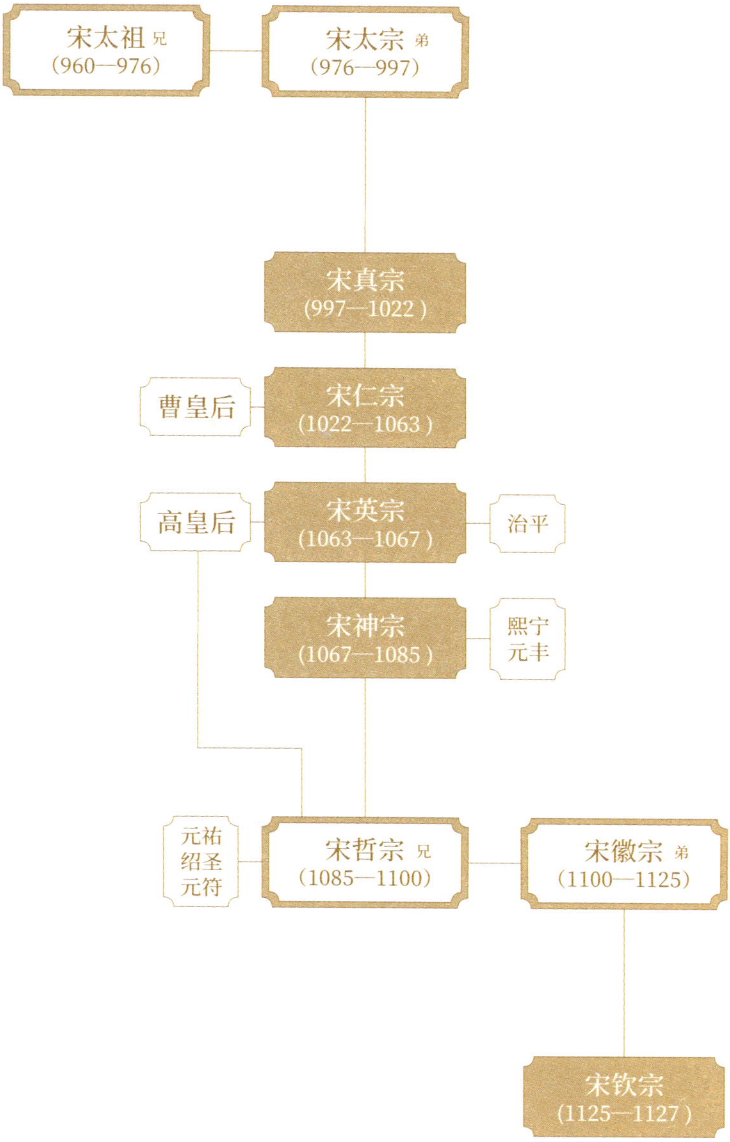
宋太祖 兄
(960—976)
宋太宗 弟
(976—997)
宋真宗
(997—1022)
曹皇后
宋仁宗
(1022—1063)
高皇后
宋英宗
(1063—1067)
治平
宋神宗
(1067—1085)
熙宁
元丰
元祐
绍圣
元符
宋哲宗 兄
(1085—1100)
宋徽宗 弟
(1100—1125)
宋钦宗
(1125—1127)

之前，发放高利贷其实也是他们一笔不小的收入，相比青苗钱的二分利，兼并大地主的高利贷利息可以高达200%甚至300%；而“免役法”颁布以前，官户是免差役的；而“免役法”颁发之后，其中重要的一条是，官户也需要根据财产的多寡来减半出“助役钱”，动了皇亲贵戚的钱包，自然要引起他们的反对和怨怒。

在宋神宗英年早逝之后，不到十岁的哲宗皇帝登基，高太后作为太皇太后与自己的小孙子共同听政。其实，全部的用人、行政等国家决策权都归高太后一人掌管。这位高太后早就对变法派人物深恶痛绝，宋神宗一死，她马上大批起用以司马光为首的保守派人物，将新法不问好坏一锅端掉，这是后话。

说了这么一大段历史，似乎是与《清明上河图》无关的事，其实笔者的目的，就是要营造一个大的历史环境，为《清明上河图》找到一个理想的安放位置。在改革一直受到来自自己身边几乎所有势力反对的大背景中，改革派和宋神宗是不是太希望有一张纪实的图像作品来安慰自己、证明自己，也让后宫中反对和不理解自己的太后、太皇太后、自己的皇弟们闭嘴呢——在京师之外十数里的地方所展现的草市的繁荣景象，才是变法以来社会的真实样子。

郑侠自己说呈上《流民图》的一个直接理由是，“人主居深宫或不知，乃图画并进”。他选择的场景是自己监守的南城安上门的实况。《清明上河图》选择的是东城外七里、距皇城约二十里的清明坊、虹桥和望火楼周边的实况。这样一种选择，看似是一种巧合，但不排除一种潜在的针对性。如果我们将《清明上河图》

安放在这样的背景中，是不是前面所提出的一些疑问就可以全然得到解决呢？

《清明上河图》虽然是歌颂清明盛世，但它是一种低调的歌颂。它没有选择汴梁最繁华的地段——这些后宫的太后和皇弟们可以轻易到达和看到的地方——它在画面中所呈现的美好和热闹，其实远没有孟元老在《东京梦华录》叙述的美好和热闹。这种低调，现在我们可以理解它是一种纪实，是努力接近“历史的真实”的纪实，而不是夸张的粉饰、虚假的报道。

所以，从这个角度出发，我们再来看前面这张导图，便可以否定《清明上河图》是宋徽宗时期的“丰亨豫大”的粉饰的产物。如果是出于这样一种目的，创作者一定会另外选题，选择更宏大的场景、更繁华的街景，而他没有。他选择的是距离皇宫二十里之外（内城十数里）的地方，这也是后宫之主们“居深宫或不知”，而又渴望了解的地方。

笔者也可以否定导图中其他的选项，“画家为了谋得功名，向朝堂献图”“对故国的怀念”等。如果是出于这些目的，创作者应该选择一种更高的调子，选择更繁华的场景，而不是汴梁的郊外——这个漕运进京、小商品买卖、官员被贬出京、举子解送才会经过和停留的城外草市，而那些“举目则青楼画阁，绣户珠帘。雕车竞驻于天街，宝马争驰于御路，金翠耀目，罗绮飘香。新声巧笑于柳陌花衢，按管调弦于茶坊酒肆。八荒争凑，万国咸通。集四海之珍奇，皆归市易”（孟元老：《东京梦华录·序》）在这里并没有呈现。

但如果能从创作者的角度再思考一下话，我们会觉得画家的选择是最高明的，它的最终目的也因为这个正确场景的选择而得到最恰当的实现。“汴河漕运变革所带来的漕运便利和河边草市的繁荣”“市易法等一系列改革经调整后，市民们的安居乐业，商人们的勤勤恳恳的繁荣景象”在这个场景中得到了最完美的体现，一洗《流民图》在人们心目中烙下的负面影响。所以，也可以说，这幅画所要表现的主角是那些汴河中的漕船、街衢中为逐利而忙碌的贩夫走卒、提茶壶的小哥、闲散的役卒、走马上任的军校、满街的马匹，以及满载铜钱的串车，这些有着明显指向意义的图像符号。而那些官员雅士只是画面中的配角。

一旦我们找准了这样一幅诞生在宋神宗时期的画作，也就必然像宋神宗赵顼的庙号一样，“民无能名曰神”也。它带着太多的政治目的和斗争，必然被神秘地隐藏起来，而利益攸关的人则讳莫如深。也就注定在改朝换代之后，它会被新皇帝当作赏赐转送给了外戚——向氏，最后只在《向氏评论图画记》中留下了只言片语。

我们能理解哪怕是皇帝，在阻力重重的情况下，再集中的权力和强大的意志有时也会变得脆弱起来，它需要一种安抚，一种来自灵魂深处的安抚，一种从下到上的肯定，艺术品或许正是这样一服良药。

周邦彦的《汴都赋》也是这样的例子：

“厥有建议，导河通洛，引宜禾之清源，塞擘华之浑浊，夔广堤而节暴，纡直行而杀虐。其流舒舒，经炎凉而靡涸。于是自淮而南，邦国之所仰，百姓之所输，金谷财帛，岁时常调；舳舻相衔，千里不绝。越舲吳艚，官艘贾舶，闽讴楚语，风帆雨楫。聯翩方载，钲鼓镗鎝，人安以舒，国赋应节。”

——节选自周邦彦《汴都赋》

元丰初年，还在太学读书的词人周邦彦以洋洋洒洒七千言的《汴都赋》进献朝堂，因用词婉约绮丽，极力赞扬新法所给汴京带来的繁华富足，而得到宋神宗的赏识，从太学诸生直接被提拔为太学正，从此开始了自己的仕途。因一篇美文而改变命运，从此得到朝廷的赏识或重用，并非北宋周邦彦一人，历朝历代都有不少这样成功的榜样。在通过科举考试选拔文官的时代，人们一般都会认同美文等于才学，但事实证明，文学才能并不等于治国安邦的能力。要做千古明君的宋神宗，自然知道这一点，但他还是很喜欢这篇文章，因为此时他一直是在期待着这样一篇类似的文章——他甚至动过起用累次被自己贬谪的当朝才子苏东坡来为自己写史的念头——他期待自己呕心沥血所推行的改革，能得到世人的肯定和不被后人篡改。

熙宁三年（1070年），政治投机分子邓绾就是这样，因上书肯定和赞美新法而得到宋神宗的赏识，并被朝廷委以要职。他在宁州担任通判时，上书陈述了自己在基层所看到新法颁布以来，百姓感恩戴德的实情：“言陛下得伊吕之佐，作青苗、免役钱等法，百姓无不歌舞圣泽。臣以所见宁州观之，知一路；一路观之，见天下皆然。此诚不世之良法，愿陛下坚守行之，勿移于浮议也。”这样的从基层所反馈上来的对于新法的肯定，必然是变法者们所期待的声音。宋神宗看了这样的奏折，满心欢喜，急调邓绾入京。他在得知邓绾并不认识王安石和吕惠卿时，更是消除了邓绾是被人利用的猜忌，安排他去认识王安石和吕惠卿，并示意王安石要对这样支持变法的人委以重任。熙宁四年（1071年），邓绾就从原来一个边塞的副州长，越级成为最高检察机构的二把手，同时还兼任司农寺的负责人，掌管“青苗法”和“农田水利法”的推行。后来的事实证明，邓绾只是一个左右逢源的政治投机分子，而在熙宁九年（1076年）被王安石在离开相位之前罢免。但邓绾发迹的事实说明，他最初的行为迎合了宋神宗和变法派在变法初期的一个极重要的心理需求，渴求从下层到上层对于新法的肯定和支持。

正如我们在前文所提到的，宋神宗赵顼是北宋一位极有抱负的皇帝，从即位开始就力排众议，起用王安石进行变法改革。要改变国家“积贫积弱”的局面，变法不可避免地触及士大夫贵族阶层的利益，也因此自新法颁布以来就阻力重重，从大臣到后宫的反对声音从来都没有停止过。反对者往往无视变法几年来所带来的正面变化——国库充裕、熙河开边的壮举——而一次因用人不当导致对西夏战争的失败，将宋神宗挤压得走到自己生命的尽头。在这样的关头，任何一个人，哪怕是意志坚定的强者，也会需要这样的一份肯定。更何况当时宋神宗的处境不容乐观，变法在朝堂中受到了以韩琦、文彦博、富弼、司马光为代表的一批重臣的反对和阻挠，在内廷又受到自己的母亲高太后，以及皇弟们的哭诉和劝阻。他们甚至团结起来，利用《流民图》这样明显的视觉图像来干扰新法的推行，以达到排挤掉王安石的目的。宋神宗真的动摇过，是否要继续自己改变宋廷“积贫积弱”局面的初衷，甚至面对内廷的哭诉而妥协过。王安石的第一次罢相就是宋神宗在这种处境之中不得已妥协的结果。宋神宗自始至终都在期待着来自各方面的肯定。

“舳舻相衔，千里不绝。越舲吴艚，官艘贾舶，闽讴楚语，风帆雨楫。”周邦彦在《汴都赋》中所描绘的汴河上繁华的景象，看似是歌功颂德的奉承，其实也是一种文字对于现实的记录。这些也正与我们从《清明上河图》的图像资料中所看到的一般无二，唯一不同，前者是文字，后者为绘画——毫无疑问，它们从不同的感官层面给予了观赏对象相同的感受和认知。

那么，我们是否可以继续这样追问，它们的创作是不是基于同样的目的？显然，留存下来的文献资料，没有办法帮助我们轻易地给出肯定的答案——因为《清明上河图》到底是创作于宋神宗朝还是宋徽宗朝都没有定论。目前，所有研究《清明上河图》的学术论文，也都是从研究者各自的角度出发所做的假设和推论。既然大家都是推论，我们就不能放弃《清明上河图》与《汴都赋》从创作的动机上，存在着相同的出发点这样一个思考的视角。

如此一来，《清明上河图》描绘汴河上来来往往的船只的目的，就有着更为深处的意义，它们所带来的不仅是吴越闽楚各地的丰富物产，也描绘了“人安以舒、国赋应节”人民安居乐业、国家赋税充裕的社会景象。从这个层面上来看，汴河上船只所承载的也就不仅是满仓的货物和南来北往的客人了，它也成为“国富民安”的视觉符号。

《清明上河图》的创作是否基于《汴都赋》同样的动机，并让它的创作者或资助人从中获益，历史文献已经很难为我们解开这个疑窦。但从逻辑的推断上，我们可以肯定的是，这是宋神宗和变法派的同僚们所期待的一份重要的视觉图像证据，以证明新法所取得的成效。

正如我们在前面所提到的，当我们面对这幅画时，一旦我们充分地去感受它，首先我们发现它真实地呈现着盛世的清明。但通过分析之后，我们进一步了解到，这是一种低调地歌颂盛世，它并没有选择性地去表现最繁华的地方，而是看似低调地选择了郊外的草市，选择了某个时间段，选择了出场的人物。同时，我们也应该看到，它也一定在画面中有目的地规避了一些东西。这些东西是现实中本身存在的，但画家选择了有意地忽视，所以才会给人一种理想社会的感受，“画上的城市是一个无乞丐、无病人、无污染、几乎无妇女的乌托邦”。这其中必然有着隐藏的原因。

甚至，敏锐的观看者还是在画面之中感知到了，在盛世清明之下的诸多社会矛盾的存在。但不同的观看者向着自己认可的方向发展了下去，于是提出了不同的观点。一种最常见的认识，就是画面中所隐藏的冲突，这些冲突或许是过度的解读和阐释的结果。

笔者认为这种隐含的矛盾，被盛世清明的气息所遮盖，我们应该将它放在一个更大的历史背景中去还原它，这种矛盾就是它本身的社会现实和这幅画的创作背景。

但当我们回到宋神宗“熙宁变法”“元丰改制”这样的背景下时，这一切的疑窦和困惑自然就迎刃而解了。《清明上河图》的创作基于怎样一个动机，其实已经是一个被掩埋的“真实”。我们已经很难直接面对这种“真实”，只能从逻辑的推断中，尽可能地接近真实，从图像中找到那些为我们留下线索的符号和证据。

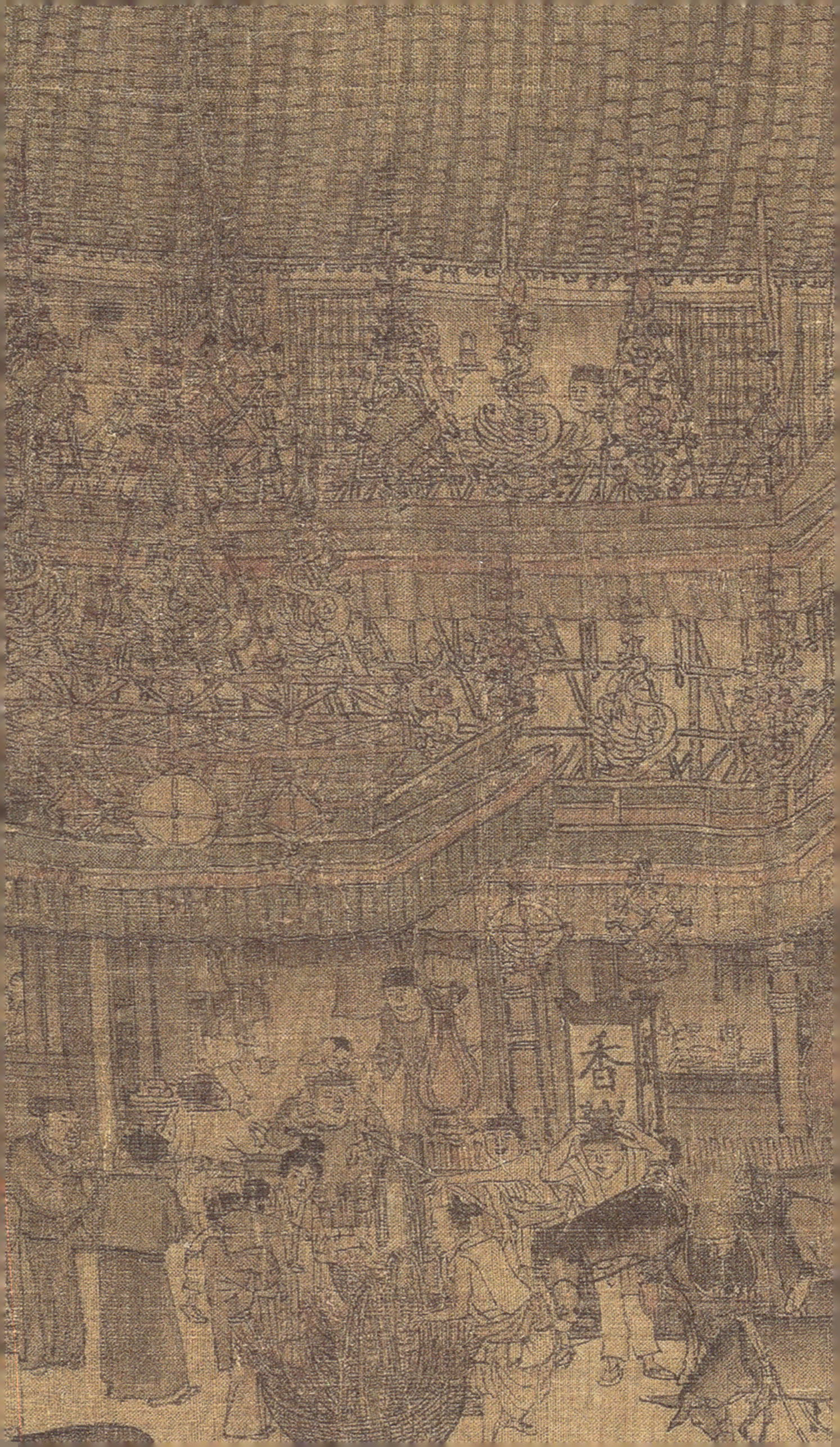
香

图书在版编目（CIP）数据
遮蔽的真实：从《清明上河图》看宋代生活图景 / 金匠著 .
-- 北京：中国工人出版社，2020.9
ISBN 978-7-5008-7458-4
Ⅰ . ①遮… Ⅱ . ①金… Ⅲ . ①城市化－研究－中国－北宋
Ⅳ . ① K244.03
中国版本图书馆 CIP 数据核字 (2020) 第 142531 号

遮蔽的真实：从《清明上河图》看宋代生活图景

出 版 人　王娇萍
责任编辑　葛忠雨　刘广涛
责任印制　黄　丽

出版发行　中国工人出版社
地　　址　北京市东城区鼓楼外大街 45 号　邮编：100120
网　　址　http://www.wp-china.com
电　　话　(010)62005043(总编室)
　　　　　(010)62005039(印制管理中心)
　　　　　(010)62379038(社科文艺分社)
发行热线　(010)62005996　82029051
经　　销　各地书店
印　　刷　北京美图印务有限公司
开　　本　710 毫米 ×1000 毫米　1/16
印　　张　16
字　　数　185 千字
版　　次　2020 年 10 月第 1 版　2021 年 5 月第 2 次印刷
定　　价　88.00 元